崔盛 著

Research on Fiscal Transfer and Local Government
Investment in Compulsory Education

转移支付和地方政府义务教育投入研究

知识产权出版社

全国百佳图书出版单位

图书在版编目（CIP）数据

转移支付和地方政府义务教育投入研究 / 崔盛著.—北京:知识产权出版社,2018.4
ISBN 978-7-5130-5481-2

Ⅰ.①转… Ⅱ.①崔… Ⅲ.①财政转移支付－关系－地方政府－义务教育－教育投资－研究－中国 Ⅳ.①F812.7②G526.7

中国版本图书馆CIP数据核字(2018)第053714号

内容提要

本书以地方政府的义务教育为例，对转移支付与地方公共服务投入的关系进行了研究。本书分为三部分内容，首先对转移支付和义务教育财政投入的相关文献进行了综述。其次，对转移支付和地方政府义务教育的投入差异、投入水平和投入努力程度三个问题进行了实证研究。在转移支付对地方义务教育投入差异影响的研究中，利用县级数据对我国义务教育的地方投入差异进行了评述，并在此基础上讨论了差异和不同转移支付的关系。最后，总结了现行转移支付对义务教育投入的影响，并认为根据县级政府义务教育经费标准需求和供给能力测算的经费缺口是设定义务教育专项转移支付的基础。

责任编辑：李　婧　　　　　　　责任出版：孙婷婷

转移支付和地方政府义务教育投入研究

ZHUANYI ZHIFU HE DIFANG ZHENGFU YIWU JIAOYU TOURU YANJIU

崔　盛　著

出版发行：	知识产权出版社 有限责任公司	网　　址：	http: // www.ipph.cn
电　　话：	010－82004826		http: // www.laichushu.com
社　　址：	北京市海淀区气象路50号院	邮　　编：	100081
责编电话：	010－82000860转8594	责编邮箱：	lijing@cnipr.com
发行电话：	010－82000860转8101	发行传真：	010－82000893
印　　刷：	北京中献拓方科技发展有限公司	经　　销：	各大网上书店、新华书店及相关专业书店
开　　本：	720mm×1000mm　1/16	印　　张：	12.5
版　　次：	2018年4月第1版	印　　次：	2018年4月第1次印刷
字　　数：	200千字	定　　价：	54.00元

ISBN 978-7-5130-5481-2

本书为教育部-中国人民大学教育发展与公共政策研究中心系列研究成果，受中央高校建设世界一流大学（学科）和特色发展引导专项资金资助，特此感谢！

前　言

传统的财政分权理论认为，分权会激励地方政府更好地响应地方居民的需求，更有效地配置公共资源，增加教育等地方公共服务的提供。但我国的财政体制并不是绝对的分权，从权利（财政收入）上来说实际是一种集权，而从责任（财政支出）上来说才体现为分权。另外，我国的体制机制也和西方有所区别。因此，在中国式的分权体制下，转移支付成为绝大部分地方政府提供公共服务的主要资金来源，同时成为上级政府的重要政策工具。基于以上理论背景，本书以地方政府的义务教育为例，对转移支付与地方公共服务财政投入的关系进行了研究。

首先，本书分别对转移支付和义务教育财政投入的相关文献进行了综述，重点对转移支付功能、义务教育财政目标的研究进行了评述，同时对两者关系的相关文献做了相应介绍。在此基础上，本书试图从转移支付功能角度诠释转移支付和地方政府义务教育财政投入的关系，分别从横向均衡、纵向均衡及补偿外溢性三个方面进行了阐述，给出转移支付实现义务教育财政目标的途径，也为研究转移支付和地方公共服务的关系提供了理论框架。

其次，在转移支付功能解释转移支付和地方公共服务提供关系的框架下，对转移支付和地方政府义务教育的投入差异、投入水平和投入努力程度三个问题进行了实证研究。在转移支付对地方义务教育投入差异影响的研究中，本书利用县级数据对我国义务教育的地方投入差异进行了评述，并在此基础上讨论了地方投入差异和不同转移支付的关系。研究表明，税收返还、财力性转移支付和一般性转移支付对于地方义务教育差异的缩小并没有显著

转移支付和地方政府义务教育
zhuanyizhifu he difangzhengfu yiwujiaoyu
touru yanjiu 投 入 研 究

效应，而专项转移支付和农村义务教育补助能明显缩小地方义务教育投入差异。在转移支付对义务教育投入水平的讨论中，研究表明税收返还和财力性转移支付对提升地方政府义务教育投入水平作用显著为正，但效用有限。一般性转移支付相比于专项转移支付更能提高义务教育投入水平。中小学教师工资补助降低了地方本身对义务教育的投入，农村义务教育补助则能够明显提升地方义务教育的投入水平。在转移支付对地方政府义务教育投入的努力程度影响的研究中，本书研究表明专项转移支付对地方政府义务教育投入的努力程度呈显著的负效应，而农村义务教育补助能够明显提高地方政府义务教育投入的努力程度。通过上述三个方面的研究，本书对转移支付和地方义务教育服务提供的关系有了相应的定量判断，并认为以农村义务教育补助为代表的配套性专项转移支付能更好地促进地方政府义务教育的投入。

最后，在前文分析的基础上，本书总结现行转移支付对地方义务教育投入的影响，并认为根据县级政府义务教育经费标准需求和供给能力测算的经费缺口是设定义务教育专项转移支付的基础。在县级政府相关社会、经济、教育的数据基础上，研究估计了地方政府提供义务教育的标准需求和供给能力，测算出我国县级政府义务教育经费的缺口，并针对我国现行的义务教育财政制度提出相应的政策建议。

CONTENTS

目 录

转移支付和地方政府义务教育
zhuanyizhifu he difangzhengfu yiwujiaoyu
touru yanjiu **投入研究**

第一章 绪论

第一节 转移支付和地方义务教育投入研究的背景与意义

一、研究的背景

传统的财政分权理论认为，分权会激励地方政府更好地响应地方居民的需求，更有效地配置公共资源，增加教育等地方公共服务的提供（Tiebout，1956；Oates，1972）。但我国的财政体制并不是绝对的分权，从权利（财政收入）上来说实际是一种集权，而从责任（财政支出）上来讲才体现为分权。另外，我国政治的集权也和西方有所区别。因此，在中国式的分权体制下，转移支付成为绝大部分地方政府提供公共服务的主要来源，同时成为上级政府的重要政策工具。

义务教育作为地方公共服务的主体部分，经费的主要来源包括转移支付。考虑到义务教育经费配置的充足、公平和效率的需求，有必要搞清转移

转移支付和地方政府义务教育
zhuanyizhifu he difangzhengfu yiwujiaoyu
touru yanjiu　投入研究

支付能否促进地方义务教育均衡发展，实现经费使用的效率，同时激发地方政府提供充足的经费，为设计合理的义务教育转移支付制度提供参考。

1.公共财政制度下的转移支付和地方公共服务

中华人民共和国成立以来，我国财政体制的发展可以分为三个阶段。第一阶段是从中华人民共和国成立到1978年，此时实行的是"统收统支"的财政集中体制，这一阶段中央政府也曾试图将财权下放给地方，但由于当时的政治环境，终究是"集"多"分"少。第二阶段是从1978年到1993年，这一阶段实行的是"分灶吃饭，财政包干"的财政体制，该阶段中央政府逐步放权，地方政府获得更多财政自主权。第三阶段是从1994年分税制改革开始，该阶段逐步形成了我国现行财政体制的基本框架。分税制改革后，中央财政收入在总的财政收入中所占比重提高，从1993年的22%直接提高到1994年的55.7%，而中央和地方的财政支出比例大体没有改变，维持在中央30%、地方70%左右，财政转移支付制度也就应运而生（张晏，龚六堂，2005）。

我国现行的转移支付制度是在1994年分税制改革后逐步形成的。最初，为了维护地方政府的既得利益，推动财政体制改革，转移支付主要以税收返还为基础，可以说是新旧财政体制的一种过渡方式。但伴随我国公共财政体制改革的进行，转移支付中税收返还的比例逐步减少，而具有财力均等作用的一般性转移支付所占比例得到了提升。现行的转移支付制度虽有诸多好处，但也存在一些问题，如转移支付结构不合理、分配方法不科学等。因此，完善转移支付制度也就成了现阶段公共财政体制改革不可或缺的组成部分。

2017年，党的十九大报告提出："加快建立现代财政制度，建立权责清晰、财力协调、区域均衡的中央和地方财政关系。"同时，要求"履行好政府再分配调节职能，加快推进基本公共服务均等化，缩小收入分配差距"。

当前，为了加快建立现代财政制度、推进公共财政体制改革，其核心任务之一就是实现基本公共服务均等化，完善公共服务体系，保障群众基本生活，不断满足人民日益增长的美好生活需要。当前，有两方面原因要求我们必须重视地方基本公共服务问题，一是我国当前社会主要矛盾已经转化为人民日益增长的美好生活需要和不平衡不充分的发展之间的矛盾，而基本公共服务提供不均衡所导致的经济社会问题和社会矛盾日益加剧，二是政府财力的持续快速增长以及公共财政体制的不断完善，为提供更好的公共服务奠定了物质基础，基本公共服务均等化的实现为全体人民共同富裕迈出坚实步伐。基本公共服务均等化其核心是促进机会均等，重点是保障人民群众得到基本公共服务的机会，而不是简单的平均化，但现阶段我国公共服务较差的地方，其财力普遍不充足，财政主要来源于上级政府的转移支付。因此，完善转移支付制度对地方公共服务均等化以及服务水平的提高均有不可忽视的作用。

2.我国的义务教育及其经费投入保障

我国地方政府的公共服务包括教育、医疗、卫生、体育、文化、社会保障等各个方面，其中教育特别是义务教育可以看作是地方公共服务的重中之重。过去30年里，我国义务教育发展取得巨大的成绩。20世纪末，我国完成了基本普及九年义务教育、基本扫除青壮年文盲的"两基"任务。2011年11月，中国全面完成了普及九年义务教育和扫除青壮年文盲的战略任务。2016年，我国小学净入学率达99.9%，初中阶段毛入学率为104%，超过或相当于高收入国家平均水平。义务教育巩固率达到93.4%，比2012年提高1.6个百分点。这些成绩是在我国"人口多，底子薄"的基础上取得的，尤显珍贵。但是，我们也不得不正视，当前义务教育，特别是农村义务教育仍然处于较低水平，东、中、西部义务教育发展水平差异较大，主要表现在义务教育质量不高，投入不足，地区间、城乡间的差距仍然较

转移支付和地方政府义务教育
zhuanyizhifu he difangzhengfu yiwujiaoyu
touru yanjiu 投入研究

大。所以，解决这些问题成为地方政府的重要工作，也理应为地方财政所关注。

根据2015年最新修订的《中华人民共和国义务教育法》（以下简称《义务教育法》），我国的义务教育实行"国务院领导，省、自治区、直辖市人民政府统筹规划实施，县级人民政府为主管理"的体制。在该体制下，县级人民政府担负着义务教育的主要责任，中央政府和省、地（市）级人民政府给予相应的支持。而对于义务教育的经费投入，《国家中长期教育改革和发展规划纲要（2010—2020年）》明确提出将义务教育全面纳入财政保障范围，实行国务院和地方各级人民政府根据职责共同负担，省、自治区、直辖市人民政府负责统筹落实的投入体制。在2016年国务院发布的《关于推进中央与地方财政事权和支出责任划分改革的指导意见》中，再次明确义务教育作为一项基本公共服务确定为中央与地方共同财政事权，并明确各承担主体的职责。可以研究制定全国统一标准，并由中央与地方按比例或以中央为主承担支出责任。因此，从制度上看，兴办义务教育的职责在县级政府，而投入则由各级政府共同负担。对于那些财力匮乏的县级政府，上级政府的转移支付成了义务教育经费的主要保障。另外，上级政府也可以通过转移支付激发县级政府加大义务教育投入，同时缩小县级政府间义务教育服务水平的差距。

二、研究的意义

1994年，我国的财税体制进行了重大改革，建立了分税制财政体制的基本框架，转移支付制度也在分税制改革后逐步形成。近年来伴随我国公共财政体制改革的进行，虽然转移支付逐步规范，但还存在一些问题，如转移支付结构不合理、分配方法不科学等。这些问题不仅表现为对转移支付研究的缺乏，同时表现为对转移支付和具体实施效果关系的模糊。本书试图以县级政府的义务教育为切入点，对于转移支付和义务教育的关系进行讨论，其研究意义具体体现在以下几个方面。

首先，分别对于转移支付和义务教育投入的研究颇为丰富，但就两者关系的讨论还比较匮乏，大多基于义务教育财政和义务教育转移支付制度的研究，并未形成一个系统理论框架，其基础大多来源于公共经济、新政治经济学、新制度经济学以及人力资本理论之中。这些研究大多针对政策或者热点问题展开讨论，未能有效深入地讨论制度形成和发展的基础。基于此，本书希望从公共财政理论出发，在财政分权理论背景下，探讨我国财政转移支付制度的变迁及对地方公共服务的影响，从而把义务教育财政制度以及义务教育转移支付制度研究引入更深的理论层面。可以说，本书是对教育财政理论研究的一种深入探讨，对于教育财政制度理论，特别是义务教育财政转移支付制度的理论基础具有重要的理论意义。

其次，在义务教育财政和义务教育转移支付制度的研究中，对于义务教育投入和转移支付关系的量化研究较少，同时缺乏对转移支付和义务教育投入内在联系的深入剖析。一直以来，由于缺乏县级财政和教育方面相关数据，很少用规范的量化研究描述转移支付和义务教育各方面的关系。所以，通过实证研究理清转移支付对改变地方义务教育投入差异的作用、评估转移支付对义务教育投入水平的贡献以及评价转移支付对地方政府投入努力程度的影响，对政府合理安排教育投入具有很强的现实意义。

最后，分税制改革以来经过十几年的探索，财政转移支付制度已逐步在层级政府之间建立，转移支付已经成为上级政府实施财政政策的重要工具。但是与规范的财政转移支付制度相比，我国的财政转移支付制度还有很多不完善之处，对于缩小地方公共服务提供的差距，提升专项转移支付资金的使用效率，激发地方政府配套意愿等方面的作用还没有完全发挥出来。因此，通过对转移支付和义务教育这一地方重要公共服务关系的研究，势必能够对我国财政转移支付制度改革提供借鉴价值，具有很强的政策指导意义。

转移支付和地方政府义务教育
zhuanyizhifu he difangzhengfu yiwujiaoyu
touru yanjiu 投入研究

第二节　转移支付和地方义务教育投入的相关研究

美国教育心理学学者约翰·W.克雷斯威尔（John W Creswell）曾提出过一个文献综述必须具备因素的模型。他认为，文献综述应由五部分组成：即序言、主题1（关于自变量的）、主题2（关于因变量的）、主题3（关于自变量和因变量两方面阐述的研究）、总结。参照这一框架研究的两个变量分别为转移支付和义务教育投入。以下就两者的概念、关系及相关文献做相应介绍。

一、转移支付

财政转移支付（简称转移支付，本书研究中视两者均为同一概念）是指公共部门将资金无偿转让给他人的支出。按照转让对象的不同，可分为政府间转移支付和非政府间转移支付。政府间转移支付是一个国家政府间在既定税收框架和财政支出职责下资金无偿地相互转移，包括上级政府对下级政府的补助、下级政府上解的收入等。通常相比于下级政府对上级财政上解的转移支付，将上级政府对下级政府的转移支付称为狭义的转移支付，这也是我们研究的对象。

分税制改革以后我国的转移支付类型经历了数次变化，名目繁多，其基本分类可以概括为三类。其一，税收返还，包括消费税、增值税返还，所得税返还以及原来的体制补助和结算补助。它是1994年分税制改革后财政转移支付的主要形式，用于维护地方既得利益，并不具有均等化的功能。在分税制改革初期，税收返还是转移支付的主要部分，1995年占到转移支付的73.7%，而这一比例逐年下降，到2010年只有16.3%。其二，财力性转移支付，包括一般性转移支付和其他转移支付，是为了促进各地方政府提供基本公共服务能力的均等化而拨付的财政补助。其中一般性转移支付是按照均等化原则，根据因素法计算各地财政能力和标准的财政支出求得的。其他转移支付则包括民族地区转移支付、调整工资转移支付、农村税费改革转移支付、缓解县乡财政困难转移支付、农村义务教育补助、其他补助等。1995年，财力性转移支付仅占转移支付总体比例的11.5%，而到2010年该比例已达到40.2%。其三，专项转移支付，包括一般预算专项拨款、国债补助等，是实现中央特定政策目标、专款专用的财政补助，主要用于农业、教育、卫生、文化、社会保障、扶贫等方面。但该转移支付的核定并不规范，经常被截留、挤占和挪用。专项转移支付占转移支付总体的比重从1995年的14.8%逐年增大，现已成为转移支付中最大比重的项目，在2010年达到了43.5%。

传统的财政分权理论认为，一方面，财政分权可以激励地方政府，鼓励政府竞争，促使地方政府提高公共服务的效率，从而使整个社会的福利水平提高（Oates W E., 1972）。而另一方面，由于地方政府间财政能力的差异以及外部性问题，财政分权并不能完全实现提高社会福利是初衷，而且有可能造成地区间公共服务水平的差异，从而影响地方公共服务的效率。因此，有必要建立合理的政府间财政转移支付制度，减少财政分权可能造成的不利影响（Oates W E., 1999）。

合理的财政转移支付制度不仅能够弥补地方财政能力的差异，防止外部性问题，而且可以提高财政资金使用的效率，从而提升地方公共服务的水平。因此，Buehanan（1950）、Tibout（1956）、Musgrave（1961）、Oates（1972）、Boadway（1982）等学者基于财政转移支付的功能对其进行了讨论和分类，其中罗伊·伯尔（Roy Bahl）在对多个发展中国家和转型国家的考察基础上，把政府间转移支付的目标比较全面地总结为如下四个方面（罗伊·伯尔，2004）。

转移支付和地方政府义务教育
zhuanyizhifu he difangzhengfu yiwujiaoyu
touru yanjiu 投入研究

1.调整政府间财政的纵向不均衡

包括我国在内的大多数国家，在事权划分上均呈现正"金字塔"形，即中央或上级政府承担的事权和责任较少，地方或下级政府承担的事权和责任较多。而在财权和财力划分上，则呈现倒"金字塔"形，即中央或上级政府集中的财权、财力较多，而地方或下级政府的财权和可支配的财力较少，从而导致层级政府间财权财力不均衡。这种层级政府之间承担事权所需要的财力与实际收入不对等，称为纵向财政失衡，它反映的是一个多级政府间支出职责与收入能力之间的结构性失衡。一般说来，中央政府的收入相对于自己的支出来说是收大于支，而地方政府通常是支大于收。地方政府的财力差距必须通过两个途径来解决：给予地方政府更大的税收权力或是由中央向地方政府提供转移支付。在发展中国家以及转型国家，由于税收体系不完善，提高地方政府的税收权力通常是困难的，因此，通过财政转移支付弥补地方政府的财力差距便成为必然选择。

2.调整政府间财政的横向不均衡

由于区域间经济和财政发展水平的不平衡和区域间公共服务成本的差异，导致地方政府辖区间财政不均衡，从而影响公共服务的均衡化。这种各地之间在提供地方公共服务财政能力上的差别称为横向财政失衡。在我国和大多数发展中国家，不同地区之间存在着巨大的财力差距，相对发达的地区财政收入充裕，有能力向当地居民提供基本的公共服务，而落后地区的财力捉襟见肘。这种横向财政失衡，既违背公平原则，也对效率产生不利的影响。解决的根本办法在于促进区域经济、财政的均衡发展。在人口完全自由流动条件下，人口在区域间自由迁移也可以缓解区域间公共服务的非均衡性。但这两种办法实施难度较大，时间漫长。为此，需要通过层级政府间财政转移支付制度加以解决。

3.促进具有正外部性的地方性公共物品的供给

地方政府提供的一些公共服务普遍具有正外部性，例如教育，无论是地方性教育服务（基础教育）或全国性教育服务（高等教育）都具有正的外部性，使其成本与收益不对称。如果仅由地方政府做决策，这些具有外部性的公共服务可能供给不足。从地方的角度来看，它可能符合地方利益的最大化，但从全社会的利益来看，它没有实现资源的最优配置。因此，为了鼓励地方政府增加对这类公共物品的生产，需要中央政府提供财政拨款来引导地方政府的行为。在这一场合，由上级政府提供一定数量的转移支付资金用于提供具有正外部性的某种公共产品，会引导该公共物品的供给达到一个合适的数量。

4.加强国家政治控制能力，实现宏观调控目标

转移支付的份额越大，表明上级政府对下级政府的影响力就越大，前者对后者的控制力也就越强。财政资源更多地直接由中央政府掌握，地方政府不得不在很大程度上仰赖于中央政府，这样，中央政府则可通过转移支付这种"软性方式"来规范和监督地方政府的行为，减少地方政府的机会主义倾向，在一定条件下也可提高财政支出的整体效率。显然，转移支付在这里成为政治结构中的一个重要组成部分，需要一套什么样的转移支付制度，首先取决于政治的需要，其次才考虑经济效益。如果我们仅仅是或主要是从经济学的意义上解读和设计转移支付制度，则恐怕会走偏（刘尚希 等，2006）。

除对转移支付功能的研究外，国外学者对转移支付与其他政策相互联系、相互影响也进行了相应的规范研究。Buchanan对联邦政府和州政府之间拨款和资源分配的关系进行了论述（Buchanan et al，1950）。随后，Diamond（1975），Atkinson（1980），Zou（1996）等则更多关注于联邦政府和州政府之间的关系，从财政分权视角分析了补助模式。Levaggi利用博弈论的方法讨论了信息不对称情况下财政补贴的经济效应（Levaggi R，1991）。Zou对联邦政府拨款与地方财政支出及其增长之间的联系进行了分析（Zou，1994）。这

转移支付和地方政府义务教育
zhuanyizhifu he difangzhengfu yiwujiaoyu
touru yanjiu 投入研究

些研究大多也是希望通过转移支付同其他政策相互关系的讨论，找到财政资金最合理的配置。

转移支付在如何实现以上功能，又如何找到政府财政资金合理的配置问题上，需要实证研究的支持。国内外学者对我国的转移支付进行了以下三个方面的实证研究。

（1）转移支付对地方财政不平衡的影响。曾军平比较了1994—1997年转移支付前后省际人均财政收入和支出的基尼系数和变异系数，发现转移支付后的不均等指标上升了，据此认为转移支付缺乏均等化效应（曾军平，2006）。刘溶沧等人运用1988—1999年的省级数据，比较了各省人均财政收入和支出的变异系数，发现在接受中央财政补助以后，地区间财政能力差异没有明显变化（刘溶沧 等，2002）。曹俊文等人比较了1996—2003年省际财政收入和财政支出的变异系数，认为转移支付起到了一定的均等省际财力差距的作用（曹俊文 等，2006）。这些研究的基本思路都是比较转移支付前后财力不平等指标的变化，使用的都是省级水平的财政数据。尹恒等人利用1993—2003年中国县级财政数据，运用基尼系数按照收入来源的分解方法，发现上级财政转移支付扩大了县级财力差异（尹恒 等，2007）。欧阳华生利用基尼系数模型对中国2000—2005年省际财政收支差异进行计量分析，结果表明，中国的转移支付制度对于调节省际财力分配差异有一定的作用，但地区间财力不均的格局并未得到根本改变；改革财政体制中长期形成的某些既得利益，成为解决我国地区间财力分配不公的重要途径（欧阳华生，2007）。Martinez-Vazquez 等则指出，1994年分税制改革之后，财权重心的上移为中央政府提供均等化转移支付、改善地区间不平等提供了更好的手段。然而，自2000年之后中央政府的均等化努力加强，但财政资源分配中的地区差异依然不断扩大，贫穷和边远地区的基本公共服务日益匮乏（尹恒 等，2009）。对分税制改革以来的省级面板数据分析，发现我国目前的转移支付制度不仅会带来地方财政支出的"粘蝇纸效应",而且在地方政府的财力改善后,还可以通过调整现有的财政支出结构,偏离转移支付的基本公共服务均等化目标,即存在地方财政支出的可替换效应(付文林等,2012)。99条(2014)对中国31个省级行政区(不包括台湾、香港特别行政区和澳门特别行政区)的面板数据分析,发现转移支付制度能够有条件地有效促进公共服务均等化,由于存在着三门槛效应,其均等化效用随着地方财政自给能力的提升呈现先增强后减弱的态势。地方政府财政自给能力低下是导致转移支付制度不能有效促进公共服务均等化的重要原因,增强地方财政自给能力已是当务之急(曾明 等,2014)。

(2)转移支付对地区间经济发展差距的影响。马栓友、于红霞使用1995—2000年的数据分析了1994年分税制改革之后转移支付与地区经济收敛的关系,结果发现,从总体上来说,转移支付并没有起到缩小地区差距的作用(马栓友,2003)。张明喜使用类似方法对1995—2004年的数据进行分析后指出,从全国范围来看,收入的收敛模式既没有绝对收敛,也没有条件收敛,转移支付总体上没有达到缩小地区收入差距的效果,这一点在中部和西部地区表现得尤为突出(张明喜,2006)。郭庆旺和贾俊雪利用趋同核算模型分析框架和时变参数模型考察了各种因素对1978—2004年间我国区域经济趋同与差异的贡献,结果发现,中央政府对地方政府的转移支付成为促进我国区域差距扩大的主要因素之一(郭庆旺 等,2006)。付文林和沈坤荣利用我国分省数据的研究发现,地方政府支出比重提高,经济增长率会上升。他们认为通过规范化的政府间转移支付可以改善欠发达地区的公共基础设施,从而有利于中国的长期经济增长(付文林 等,2006)。李桢业等利用浙江省11个地级市64个县的统计资料,对20世纪90年代中期以来浙江省县域差距的变化趋势及其影响因素作了实证研究。分析表明,政府部门缩小县域差距的各项政策性努力,特别是财政补贴在一定程度上减缓了浙江县域经济差距

转移支付和地方政府义务教育
zhuanyizhifu he difangzhengfu yiwujiaoyu
touru yanjiu 投入研究

扩大的趋势（李桢业 等，2006）。尹恒等对2000—2005年中国近2000个县的数据分析，发现在均等现实财政责任的意义上转移支付具有一定的实际效果，因素法转移支付、专项转移支付、结算补助等项目都在一定程度上向财力缺口较大的地区倾斜，但以普遍接受的公共财政和财政公平观念为标准，转移支付的均等性就要大打折扣，2003年以后从公共财政角度看转移支付的均等性有所改善，转移支付开始表现出关心公共服务均等化的倾向（尹恒 等，2009）。张恒龙等对1994—2006年省级面板数据分析，发现转移支付从总体上发挥了缩小区域间经济差距的作用，有利于省际经济收敛，具有正的乘数效应。其中财力性转移支付和专项转移支付具有显著均等化作用，而且财力性转移支付明显有利于经济增长，而税收返还倾向于扩大地区经济的差距（张恒龙 等，2001）。郑浩生等运用1994—2009年中国县级社会经济数据分析，发现1994年分税制改革以来，那些财政自给能力弱、财政努力程度低的县级地区获得更多的财政转移支付，表明促进财政均等化是中央向地方财政转移支付的基本目标；2002—2009年，那些教育供给水平低的县级地区获得了更多的财政转移支付，表明相比于分税制初期，近年来中央政府开始关注基本公共服务均等化因素（郑浩生 等，2014）。

（3）政府在分配转移支付过程中的决策行为。王绍光利用我国1998年的分省数据，把影响中央决策者分配转移支付资金的因素分为三类独立的变量——中央决策者对公平的考虑、中央决策者的政治考虑和地区的要价能力，将三类因素对中央对地方政府的财政转移支付进行回归分析，结论：公正性考虑在中央对地方政府的财政转移支付过程中作用甚微；财政转移支付中涉及的要价空间极其微小；财政转移支付最重要的决定因素是决策者的政治考虑，特别是对国家统一的考虑（王绍光，2002）。马栓友等把影响转移支付的因素分为自然、经济发展水平和公共服务水平三大类，将三类因素对转移支付水平回归，得到的结论是：现行的转移支付对地区差距考虑得较少；资金分配不合理，缩小地区差距的功能弱（马栓友 等，2003）。谷成研究指出转移支付制度的设计需要考虑财政能力的衡量及支出需求的估测，其中支出需求包括气候、人口密度、城市化水平等成本差异，以及人口、年龄结构、贫困指数等需求差异（谷成，2010）。

二、义务教育投入

义务教育是国家依法统一实施、所有适龄儿童少年必须接受的教育，具有强制性、免费性和普及性，是国民教育的基础。义务教育的基本特征为强制与免费。强制是指义务教育适龄儿童和青少年的家庭有义务让其子女完成义务教育；免费则指义务教育经费由财政负担，对受教育者免除学费。在义务教育立法条件下，义务教育成为事实上的公共产品，由政府保障其投入。

基于义务教育的强制性、免费性和普及性，如何提供义务教育成为学者们讨论的主体。介于本书研究的重点在于义务教育财政领域，因此，我们更多地关注这一领域的相关研究。义务教育应由政府还是市场来提供，由哪级政府承办以及如何承办？众多学者对这些问题进行了论述。

1.政府与市场

政府与市场的问题是经济学中一个永恒的话题，两者的作用边界是讨论的核心，这里对于义务教育讨论也是如此。早期在西方经济思想中主要以自由为主，亚当·斯密将政府的支出划定为国防、司法和公共工程三个领域，反对政府过多地干预社会经济生活。但是，即使在以经济自由为主导的时期，教育特别是义务教育还是被认为是政府的主要职责。威廉·配第在早期的研究《赋税论》中也将义务教育看作需要政府承担的公共支出。随后西方

转移支付和地方政府义务教育
zhuanyizhifu he difangzhengfu yiwujiaoyu
touru yanjiu　投入研究

的经济学家对由政府负担义务教育提出了以下理由：首先，政府承担义务教育的责任是从整个国家的利益出发的，有利于国家未来的发展。其次，由于义务教育的提供对象是儿童和青少年，这也是对未成年人的一种保护。最后，如果没有政府的干预，只由市场来提供义务教育，势必存在供给不足的现象。因此，早期的古典经济学家认为政府应该利用相应的政府权力，强制规定让儿童必须接受义务教育，由政府保障儿童能够接受免费的义务教育，并在国家范围内实现普及。这也构成了早期对于义务教育强制性、免费性和普及性的认识。

随后，伴随对公共物品的讨论，不同学者对义务教育的属性有了更深的理解。萨缪尔森认为公共物品是指增加一个人对该物品的消费，并不同时减少其他人对该物消费的那类物品。这一定义是在与私人物品的对比中而得出的（Samuelson，P A，1954）。马斯格雷夫则认为公共物品是非竞争性消费的物品，它通常还具有消费上非排他性（Musgrave，R A，1959）。这一定义成为公共经济学领域的主流定义。具体对义务教育来说，有学者认为它属于纯公共物品或服务，因为它的消费具有非竞争性和非排他性。但也有学者认为它属于准公共物品（混合物品），因为伴随受教育学生数的增多，相应接受教育服务的效益会减少，所以义务教育并不具有非竞争性的属性。另外，大多数学者从义务教育具有正的外部相应来看，认为义务教育是一种公共物品，而斯蒂格利茨则认为义务教育只是公共提供的私人产品（约瑟夫·E.斯蒂格利茨，2005）。国内的学者对于义务教育的产品属性同样存在着各种争论。王善迈认为义务教育是通过立法约束受教育者的家庭和政府的行为，义务教育是一种具有强制性的教育，受教育者家庭有义务让子女接受教育，而要强制就必须免费，即政府应免费提供义务教育，义务教育不能通过市场交换提供。义务教育消费上的非排他性，供给上的不易排除，使义务教育属于公共产品（王善迈，1997）。古建芹认为义务教育属于纯公共产品，理论上应由政府提供，这不仅体现财政的公共性，也体现政府对基本公共服务均等化的努力，使绝大部分居民享用到教育公共品，有利于提高财政资金使用效率，促进收入公平、社会公平的实现（古建芹，2014）。范先佐等认为无论是从公共产品的角度，还是从实现社会公平的角度，政府都应承担义务教育的财政责任，保证义务教育的均衡发展（范先佐 等，2015）。厉以宁认为主要从教育提供者的身份和教育经费负担方式的角度出发，确认教育的产品属性。按他的观点，政府提供的义务教育阶段的教育属于纯公共产品性质，得到一定政府补贴的个人办学者提供的义务教育阶段的教育，则基本具有私人产品性质。同样的教育，如小学教育，因为生产者的身份不同，就具有不同的性质，既是公共产品，又是私人产品（厉以宁，1999）。袁连生认为应从产品的消费特征出发来界定产品的属性，而不应从该产品的生产方式来判断。从教育直接消费效用看，教育具有竞争性和排他性；从教育的间接消费看，具有部分非竞争性和部分非排他性，所以教育是准公共产品（袁连生，2003）。陈书全认为义务教育是一种准公共物品，应由政府和市场共同提供，政府对义务教育资源的配置，在宏观上主要关注财政支出中义务教育经费所占比重，在中观上主要关注各级义务教育资源配置比例是否合理，在微观上主要关注义务教育内部资源配置是否合理（陈书全，2015）。

2.政府主体之间

政府主体之间研究的问题，主要是将政府按照不同的级次划分，讨论中央政府、区域政府和地方政府在义务教育中承担责任的关系以及不同层级政府提供义务教育公共服务的影响。

国外部分学者认为应该由中央政府集中提供义务教育产品。其理由有两个：一是由中央政府负责既有利于义务教育的公平正义，又有助于义务教育再分配功能的实现，其理论依据主要是财政联邦主义理论。马斯格雷夫认为财政联邦主义的核心在于资源配置政策应该根据各地方居民的偏好不同而有所差别；而分配与稳定政策则主要归中央一级负责。二是义务教育具有巨大

转移支付和地方政府义务教育
zhuanyizhifu he difangzhengfu yiwujiaoyu
touru yanjiu 投入研究

的外部效应，由中央政府提供可以将外部效应内部化，提高效率（Mus-grave R A，1961）。还有一部分学者认为应该由地方政府分权提供。其理也有两个：一是使教育产出迎合地方偏好；二是鼓励政府间竞争。蒂伯特指出，社会成员之间消费偏好的不同和人口的流动性，制约着地方政府生产和提供公共产品的种类、数量和质量。如果有许多地方政府和相应的辖区，并且各地方政府分别提供类型各异的公共产品，人们选择在哪一个地方生活时要考虑的一个重要因素，便是该地区的税收和公共产品服务的组合情况。通过这种"用脚投票"的方式，表明了人们对某种公共产品消费和税收（价格）组合的偏好，就如同人们表明自己对市场上某种私人产品的消费偏好一样。地方政府为了赢得民意，就必须在行使其职责的过程中充分考虑到居民的偏好（Tiebout C，1956）。由于蒂伯特在他的模型设计中做了诸多比较苛刻的前提性假设，所以许多经济学家对蒂伯特模型的有效性进行了质疑。

国内高如峰根据各级政府财政能力，对三类地区中央和地方各级政府承担农村义务教育各项经费的财政责任分工提出具体建议和方案，并对三类地区各级政府分担农村义务教育预算内最低保障经费的数额及其比例关系做模拟测算（高如峰，2004）。刘泽云认为各级政府应根据财力明确划分财政责任：中央政府承担义务教育教师工资，地市和县级政府分别承担基建经费和公用经费，省级政府通过专项转移支付资助贫困地区和贫困学生（刘泽云，2005）。郎君立认为应该根据各级政府占有财政收入的份额来分担义务教育投入的相应比例，中央、省（区）、地（市）、县明确分担成本比例后，各级政府的责任划分就明确了，这样农村义务教育投入就有了制度保障（郎君立，2005）。江文涛认为，各级政府在加大对农村义务教育投入的同时，应优化资金的收支结构。在提高中央和省级政府投入的比重，特别是预算内资金比重的同时，资金的投向要向中西部落后地区倾斜（江文涛，2006）。司晓宏等（2010）研究发现西部地区农村义务教育与东部发达地区以及西部地区大中城市比仍存在较大的落差，具体表现在办学水平、师资队伍、教学质量等方面，并指出中央财政和省级财政应加大转移支付力度（司晓宏 等，2010）。杨良松（2013）研究发现省级和地级政府对县乡级政府的省内财政支出分权，以及省级财政自主性均有助于增加教育投入，但转移支付的使用过程存在地方大量挪用转移支付用于教育之外的项目（杨良松，2013）。

3.义务教育财政的充足、公平、效率

教育财政学家C.S.本森对教育财政体系的运行给出了三个评判标准：是否能够为义务教育提供充足的教育经费，是否能保证公平地分配义务教育资源，是否确保义务教育公共经费的配置有效率（本森，2000）。因此，大多数学者根据以上三个维度，将我国义务教育财政的目标也分为充足、公平和效率三个方面进行了相关讨论。

21世纪前，我国义务教育财政政策和研究中没有出现充足性概念，但是对义务教育经费充足性的关注和探讨在20世纪80年代就出现了。袁连生指出，20世纪80年代的经济体制改革导致财政收入下降，使政府教育投入不足，教育经费匮乏，教育发展困难（袁连生，1988）。王善迈等讨论了教育经费与国民经济的关系，提出了检验教育投资在国民经济中是否合理的3个客观标志：①从近期看，教育投资和教育事业的发展是否相适应；②从远期看，教育所培养的劳动力和专门人才同经济和社会发展是否相适应；③国民经济比例，尤其是积累与消费的比例是否协调。其思路也是通过教育的产出来判断教育经费是否充足。只不过他们更多地从宏观的社会经济发展而不是学生个体发展的角度，提出了教育投资比例是否合理的问题（王善迈等，1998）。2000年后，教育财政充足性概念引进了我国。李文利和曾满超介绍了美国教育财政充足性的产生和研究情况（李文利 等，2002）。黄斌和钟宇平探讨了教育财政充足性在中国的适用问题（黄斌 等，2008）。胡咏梅和杜

转移支付和地方政府义务教育
zhuanyizhifu he difangzhengfu yiwujiaoyu
touru yanjiu 投入研究

育红对中国农村中小学公用经费的充足性进行了实证研究（胡咏梅 等，2008）。

义务教育财政公平的研究主要是围绕生均支出均等程度展开。首先，是生均教育支出的不均等的研究。王善迈等（1998）、李祥云（2002）等通过对区域间生均教育经费支出的不平等指标的考察，得出我国教育支出的区域性差异呈上升趋势的结论，认为义务教育阶段的生均支出不均等程度会严重影响教育公平。其次，是对造成这种地区性公共教育投资不公平的原因进行了探讨。蒋鸣和发现公共财政分配的差异是导致教育财政支出不均的主要原因（蒋鸣和，1999）。最后，不仅分析教育经费支出的区域差异及其同地方财力总体不平等的关系，而且将这种不平等在区域内和区域间进行了分解，探讨省内和省际差异对地区性不平等的贡献率，得出我国义务教育阶段生均教育支出的不平等更多是由省内差异引起的，这一结论同样适用于农村地区，而且在小学教育阶段，财政预算内教育经费是决定总支出地区不平等的主要因素（潘天舒，2000；王蓉，2001；李祥云等，2002）。此外，钟宇平从教育公平的角度分析了中国的义务教育财政分权、教育转移支付等政策（钟宇平，2002）。曾满超和丁延庆的研究利用1997年和1999年的县级数据分析了义务教育投入的公平性在此期间的变化，结果发现，从1997年到1999年小学和初中的生均总支出的地区不均衡有所扩大，其间城乡差距有所扩大（曾满超 等，2003）。陈朗平等研究发现义务教育支出绝对性差距在扩大，相对性差距在缩小（陈朗平 等，2010）。夏雪研究发现全国整体省际生均教育经费向均衡态势推进（夏雪，2012）。

学术界对教育外部效率的计量取得了基本的共识。在计量教育对经济增长的贡献时，采用生产函数或增长模型；在计量教育的个人和社会收益率时，采用内部收益率法或明瑟方程。但对于教育内部效率的计量，目前学术界和政策制定者都还没有找到很好的方法。教育内部效率计量的关键问题是如何定义和计量投入与产出。在对教育系统或学校的效率进行评价时，主要采用生均经费、生师比、标准化考试成绩或教育增加值与生均经费之比等关系指标，以及 DEA、SFA 等相对评价方法（胡咏梅 等，2008）。在分析和评价影响教育内部效率的因素时，多采用教育生产函数（闵维方 等，2008）或成本函数（成刚 等，2008）。丁建福等对义务教育财政效率评价方法的研究发现，指标法适用于对政府义务教育财政行为的评价，而教育增值法和前沿效率分析方法适用于对学校的评价（丁建福 等，2010）。而从提高义务教育供给效率角度来看，吴宏超认为可以从资源配置效率与资源利用效率两个方面入手。从宏观角度国家首先需要将教育资源在不同的教育阶段进行更加有效、更加公平合理的分配。此外，义务教育经费和资源配置必须对薄弱学校和农村地区有所倾斜。由于义务教育的主体在农村，那么保证农村和薄弱学校的需要是实现义务教育效益最大化的重要措施。如果要提高现有教育资源的利用效率，一方面需要考核评估一定部门、一定地区和学校教育活动的资源利用效率，另一方面应努力减少既有的教育资源浪费现象（吴宏超，2007）。康建英等研究发现财政分权从总体上有利于小学教育经费利用效率的提高，而不利于初中教育经费的提高，中西部地区教育经费使用效率高于东部地区（康建英 等，2010）。

三、转移支付与义务教育投入

按约翰·W.克雷斯威尔提出的文献综述方法，有关自变量与因变量关系的学术文献是研究方案中最棘手的部分。这部分应该相当短小，并且包括了与计划研究的主题最为接近的研究。或许没有关于研究主题的文献，那就要尽可能找到与主题相近的部分，或者综述在更广泛的层面上提及的与主题相关的研究。针对本书研究的主题，转移支付和义务教育关系的研究的确较少，以下对其进行一个更广层面的梳理，并相应做出评述。

转移支付和地方政府义务教育
zhuanyizhifu he difangzhengfu yiwujiaoyu
touru yanjiu　投入研究

1.转移支付和地方公共品服务的提供

在中国分税制改革前财政实施包干制度，激励地方政府加快对地方经济的发展，以期获得更多的税收（陈抗 等，2002）。而对于地方文教医疗等其他公共服务方面，由于地方财力的差距以及地方政府投入的积极性，造成了相应的公共服务水平偏低以及地区间的不平衡。（乔宝云 等，2005；王永钦 等，2007）。正是在这种背景下，更多的学者开始关注财政分权和地方公共服务的提供（郑磊，2008；吕炜 等，2009）。分税制改革后，中国出现了财政分权和集权的错位，由于地方政府向上负责的考核制度，此时建立起来的转移支付制度并没有很好地解决地方公共服务水平的提升以及差距的缩小（郭庆旺 等，2008）。

相对于财政分权理论的假设和我国地方公共服务的实际，更多学者提出通过建立科学合理的转移支付制度来实现公共服务水平的提高，以及地区差异的缩小。安体富认为专项转移支付普遍存在截留、挪用的现象，而对于专项转移支付的设立他认为应属于具有外溢性、突发性、特殊性、非固定性特征的项目，而不应该包括义务教育、公共卫生、社会保障等项目（安体富，2007）。乔宝云则认为应建立以基础教育、医疗卫生、社会保障为目标的专项转移支付来完善转移支付框架，保证基本公共服务的提供（乔宝云 等，2007）。胡义芳构建一个以公式化为基础、一般性转移支付为主、专项转移支付为辅的转移支付体系，同时减少专项转移支付立项的随意性和盲目性（胡义芳 等，2008）。孙开则认为需重视专项转移支付的效用和监管问题，实现其一般转移支付无法替代的作用（孙开，2009）。

相比于经验研究，更多的学者是从理论上论述转移支付对公共服务的作用。而且，大多数学者均认为需要完善我国现行的财政转移支付制度，来保证公共服务的提供。比如简化转移支付的类型，扩大一般性转移支付的规模，改进转移支付的计算方法等。但是，由于缺乏相关的经验研究，对于具体转移支付结构中各种转移支付的作用和功能都没有统一的判断，究竟如何设立专项转移支付来提高地方公共服务水平、缩小地区间公共服务差距也没有肯定的结论。

2.转移支付和地方义务教育服务

对于转移支付和义务教育服务的研究，多为解决一国义务教育经费总量和地区发展不平衡的问题。一个多世纪以来，西方主要发达国家经过不断探索和实践，各自建立起了适应本国国情的义务教育财政转移支付制度，较好地解决了上述两个问题（刘泽云，2003）。但是，由于各国的经济发展水平、政治制度、财政集中程度方面存在着较大的差异，因此，各国在义务教育转移支付上的制度也各有不同。高如峰依据不同的政府投资主体，将当代各国义务教育公共投资体制划分为三种基本模式：集中模式、相对集中模式和分散模式（高如峰，2003）。这些模式对我国建立规范的义务教育财政转移支付制度有借鉴意义，但也必须根据我国的经济、政治、财政等大环境来决定。

国内对于转移支付和地方义务教育服务的研究大多集中在教育财政领域，无论是理论研究还是实证研究，主要关注集中在建立什么样的转移支付制度，构建什么样的转移支付公式能够使义务教育经费得到充足的保障。王善迈等（1998），杜育红（2000），马国贤（2002），曾满超、丁延庆（2003），高如峰（2004）等学者所做的相关研究，为我国义务教育财政转移支付制度研究框架奠定了基础。但由于早期转移支付试行时间不长，没有大量的数据支持这些研究，所以，对于转移支付如何影响地方义务教育服务也没有很好地进行讨论。在以上研究的框架下，王善迈、袁连生在大量研究的基础上，设计了两种义务教育财政转移支付模式，一种是总额比例补助模式，另一种是分项比例补助模式。在该公式的前提下，结合相关数据，对北京市2008年整个教育经费的需求和供给能力做出了预测，并分析了北京市教育经费的缺口。吴春山等（2003）、司晓宏等（2006）的研究沿用了该公式，但由于数据和剥离教育经费中转移支付的困难，并没有对该公式进行县一级的量化研究。王琼芝等（2003）、陈上仁等（2003）、董新良等（2007）同样根据"因素法"设计出义务教育转移支付模型，并依照该模型对不同的地区做了量化分析。赵海利等（2012）研究指出基于义务教育财政供给能力、义务教育财政需求的因素法转移支付模型，能在现有转移支付规模不变的情况下，大幅度提升教育公平程度（赵海利 等，2012）。马国贤则以生均成本标准为基础，提出了义务教育经费缺口的补助公式，在该公式的基础上对全国各地方的义务教育经费缺口进行了计算，并确定了需要补助的省份和相应补助的金额（马国贤，2005）。

当然，还有一些学者的研究则从财政领域对转移支付和地方义务教育进行了研究。乔宝云认为财政分权使得贫困地区以损害教育等公共服务为代价，换取改善投资环境来吸引外来资本（马国贤，2005）。卢洪友等的研究也表明分税制特别是偏离公平目标的政府间转移支付制度，使得贫困地区具有压缩农村义务教育投入的内在动力（卢洪友 等，2006）。李祥云等研究发现上级基于县、乡财政困难而加大的财政转移支付力度对县级义务教育财政支出产生了负激励（李祥云，2010）。成刚等研究发现省以下财政收入分权和支出分权不利于县级基础教育的投入，应实行适当的集权，上收基础教育事权，使省级政府成为基础教育最主要的教育财政责任承担者（成刚，2011）。张丽华等的研究则认为财权和事权不匹配的矛盾是解决农村义务教育投入保障中的最大难点，只有在事权体制上做大的调整，将农村义务教育事权上划中央政府和财政，才是解决义务教育投入保障的最佳选择（张丽华等，2008）。杨良松研究发现转移支付的使用过程存在地方大量挪用转移支付用于教育之外的项目（杨良松，2013）。

以上这些研究，总体都是讨论转移支付和义务教育关系的，当然更多涉及财政转移支付如何保障义务教育经费。但是，由于缺乏地方政府的相关数据，这些研究也只能限于理论假设，而不能对具体的关系进行经验研究。至于究竟是财政分权导致义务教育经费得不到保障，还是事权财权不匹配造成义务教育经费不足，也得不到统一论证。

3.转移支付和地方义务教育发展差异

对于地方义务教育发展差异的研究早期主要集中在对我国义务教育失衡的描述，王善迈等采用聚类和判别分析的方法，通过对1988—1994年的数据分析，发现我国地区间教育发展不平衡与经济发展不平衡是一致的（王善迈，1998）。吴德刚使用1997年的数据，选择小学入学率、小学毕业生升学率、义务教育辍学率、每万人中的在校学生数和校舍情况等指标，研究了地区间教育发展不平衡问题（吴德刚，1997）。张长征等根据最近3次人口普查的数据，参照人口的自然死亡率、生育率和各级教育的招生情况，估算了中国1978—2004年的教育基尼系数，发现我国的教育平等程度较改革开放初期已有显著提高（张长征，2006）。这些研究大都直观反映我国义务教育发展的差异状况，但由于数据获取方面的原因，部分研究所选取的统计指标并不完全一致。而针对义务教育发展存在的差异，大多研究者也都提出加大转移支付，弥补落后地区发展义务教育经费上的缺陷。但是，针对具体如何加大转移支付以及转移支付如何缩小地方义务教育发展差异均没有详细的论述。

经济、财政研究领域关于转移支付和地区经济收敛、财力均等化的研究实际上为转移支付与地方义务教育发展差异提供了框架。曾军平比较了1994—1997年转移支付前后省际人均财政收入和支出的基尼系数与变异系数，发现转移支付后的不均等指标上升了，据此认为转移支付缺乏均等化效应（曾军平，2000）。马栓友等使用1995—2000年的省级数据研究发现分税制改革后转移支付总体上没有达到缩小地区差距的效果（马栓友，2003）。曹俊文等比较了1996—2003年省际财政收入、财政支出的变异系数，也认为

转移支付和地方政府义务教育
zhuanyizhifu he difangzhengfu yiwujiaoyu
touru yanjiu　投入研究

转移支付在均等省际财力差距起到了一定的均衡作用（曹俊文，2006）。江新昶在马栓友的研究基础上，使用1996—2004年的省级面板数据进一步验证转移支付对地区经济发展的发散作用，同时发现专项转移支付、税收返还的发散效应大于财力性转移支付的收敛效应（江新昶，2007）。钟正生等使用1994—2004的数据也进一步验证了以上的一些观点。这些研究的基本思路都是比较转移支付前后的财力不平等指标的变化，这种方法存在内在的缺陷（钟正生 等，2008）。而且以上大都是从省级数据层面进行研究，没有基于公共服务主体县级政府进行分析，也是有待完善的地方。尹恒运用1993—2003全国2000多个县级地区的财政数据，借鉴收入分配中不平等分解的方法，重新度量转移支付对县级政府财力的影响。研究发现专项补助和税收返还具有较强的非均等性，而一般性转移支付均等化的效应未达到效果（尹恒等，2007）。而在其之后的研究中，使用2000—2005的县级数据发现，2003年以后转移支付的均等化效应有所改善，其使用也逐渐转向公共服务均等化方面（尹恒 等，2009）。

从以往教育财政文献来看，缺乏对转移支付和义务教育服务均等化的量化研究。借用经济、财政领域已有的研究框架，合理评价义务教育差异，并描述转移支付对义务教育服务水平差异的贡献，是科学设计义务教育财政转移支付制度的基础。另外，基于义务教育负担主体县级政府的研究，对进一步检验以往研究结论也有重要意义。

4.转移支付和地方义务教育服务效果

对于如何评价义务教育服务效果本身就是一个研究问题。一般来看教育财政领域主要衡量经费支出的投入情况、经费配置和运作情况、经费使用的规范性以及经费使用的效率和效益（马培祥，2005）。常用的指标包括教职工比、生师比、统考合格率等，这些指标主要是从微观角度衡量学校提供教育服务的效果。而像学校规模（在校生人数）、生均经费、生均固定资产等，这些指标则可以衡量当地政府提供义务教育的效果。伏润民等在对县（市）一般转移支付绩效评价中将公共教育服务的产出核定为学生、师资和硬件三类，具体指标有入学率、教师学历达标率、专任教师比、生师比、生均校舍面积、生均藏书和危房率（伏润民，2008）。对于研究指标的选择有时还需要考虑到可得性，合适的评价转移支付效果的指标往往不太可能获得，因此，就需要选取一些转换后的指标来衡量。

基于县级政府讨论转移支付和地方义务教育服务效果的实证研究较少，但是在经济、财政研究领域，很多研究讨论了转移支付和地方经济增长、地方财政供养人口等类似问题。江新昶使用1996—2004年的省级面板数据对不同类型的转移支付推动经济增长进行讨论，发现财力性转移支付推动经济增长的效率明显高于转移支付总体和税收返还，如果专项转移支付和税收返还以财力性转移支付的形式分配，将提高地方经济增长速度（江新昶，2007）。袁飞等使用1994—2003年县级面板数据讨论转移支付和财政供养人口的关系，研究发现相比于提供有效公共服务，转移支付更可能用来供养财政人口。同时，他们的研究也表明不管是专项转移支付还是一般性转移支付在现行政府管理体制下都很难促进公共服务的有效提供（袁飞等，2008）。成刚等基于1994—2001年江西省县级数据的分析，发现省以下财政收入分权和支出分权不利于县级基础教育的投入，应实行适当的集权，上收基础教育事权，使省级政府成为基础教育最主要的教育财政责任承担者（成刚，2011）。宗晓华等对贵州省2006—2014年县级面板数据进行双重查分估计，发现西部地区"省直管县"的财政改革提高了县级财政教育投入水平，同时发现加大中央和省级财政对县域义务教育的财政分担比例有利于义务教育的发展（宗晓华等，2017）。这些问题的研究，为我们讨论转移支付和地方义务教育服务效果提供了基础。

除了对于微观义务教育服务效果的研究，还有学者讨论了转移支付对宏观政府投入义务教育效果的影响。汪冲对1998—2001年中央政府对地方教育

转移支付和地方政府义务教育
zhuanyizhifu he difangzhengfu yiwujiaoyu
touru yanjiu 投入研究

专项转移支付研究发现，专项转移支付存在漏损的情况，并没有完全用于指定项目上（汪冲，2007）。伏润民的研究则发现一般性转移支付可能被挪用和挤占，上级政府实现公共服务均等化的政策意图难以达到预期效果（伏润民 等，2008）。

5. 转移支付和地方政府投入努力程度

国外对于转移支付和地方政府投入努力程度的实证研究并没有统一的结论。基于理性收益最大化假说，Peterson（1997）指出：在地方支出给定的前提下，由于地方政府不能内部化征税成本，转移支付倾向于替代融资成本较高的地方税收，从而降低财政努力。基于"粘蝇纸效应"假说，Gramlich（1987）和 Bird（1994）证实转移支付与地方财政支出之间存在负向关系，转移支付有可能降低地方政府的财政努力。此外，Correa 和 Steiner（1999）在对哥伦比亚转移支付的研究中，发现有96%的转移支付项目会降低地方财政努力。然而，这种负向关系在 Garzon（1997）和 Jaramillo（1999）的研究中未能得到证实，相反他们发现随着转移支付的增加，地方政府将更努力地征税（刘勇政，2009）。

国内关于转移支付对地方政府财政努力程度影响的研究相对较迟，乔宝云等的研究发现税收返还以及总量转移支付对地方的财政努力程度的刺激并不成功，抑制了地方的财政努力，同时相比于贫困地区，富裕地区的财政努力程度更低（乔宝云 等，2006）。张恒龙等以1994—2003年的省级数据讨论各类转移支付和各省财政努力程度，研究发现现行的转移支付制度总体上并不利于提高地方政府的财政努力，在实现财政均等化方面的作用也相当有限（张恒龙 等，2007）。刘勇政等的研究更加细化的讨论转移支付和地区财政努力差异的关系，发现转移支付在促进东部发达省份财政努力的同时，抑制了中、西部落后地区的财政努力；相比于税收返还激励地方政府努力征税，专项转移支付和财力性转移支付不同程度地抑制了财政努力程度（刘勇政 等，

2009）。钱佳等研究发现省级政府更倾向于将来自中央专项资金"自己花出去"，而不是转移给县级政府用于教育支出（钱佳 等，2007）。宗晓华等研究发现县际义务教育投入的绝对差距和相对差距呈反向变动关系，相对差距缩小主要得益于省对县的财力均衡作用的发挥，而绝对差距扩大的主要体制原因是"以县为主"的义务教育财政投入体制和依县级财力而定的梯度发展政策。县级财政教育投入并未与县级财力增长同步，抑制了义务教育投入县际差距的缩小速度（宗晓华，2015）。

以上文献对于财政努力程度系数的构造均借鉴了 Bahl 和 Roy 的相关研究，通过实际财政收入同预期财政收入的比值来估算财政努力程度系数。对于预期财政收入则同当期的生产总值以及前期年份的哑变量估算（Bahl et al. 1972）。然而 Kim（2007）的研究却认为以上方法存在一定的缺陷，而他提出的卡尔曼滤波方法更好地估计了努力的结果。李永友等则尝试以实际课征水平与理论课征水平的比值作为地方税收努力程度指数，以 1994—2008 年的省级数据研究发现在控制其他影响后，中央转移支付对地方财政收支决策的影响是不对称的，转移支付对地方财政支出影响显著，而地方税收努力程度不显著（李永友，2009）。鉴于以上研究，本书尝试在控制义务教育需求的条件下，讨论不同类型的转移支付对努力程度系数的影响。

第三节　转移支付和地方义务教育投入研究设计

一、研究目标

本书拟在我国特殊的社会经济背景下，特别是现行的财政制度以及财政分权理论基础上，讨论转移支付和地方县级政府义务教育服务的关系。根据全国县级单位的相关数据，搞清转移支付对改变地方义务教育发展差异的作

转移支付和地方政府义务教育
zhuanyizhifu he difangzhengfu yiwujiaoyu
touru yanjiu　投入研究

用、对义务教育服务效果的贡献以及对地方政府努力程度的影响，从而基于县级政府设计出合理的义务教育财政转移支付制度，最后根据转移支付制度设计提出有价值的政策建议。

本书拟解决的关键问题是在我国财政和教育管理制度下，转移支付和地方义务教育服务关系，其中包括：转移支付是否能够缩小地方义务教育服务水平的差异？转移支付是否能够促进地方义务教育发展？转移支付是否能够提升地方政府义务教育服务的努力程度？最后，在这些关键问题解决的基础上最终设计出合理的义务教育财政转移支付制度。

二、相关研究方法

本书研究的基本思路是从我国实际出发，考虑我国特定的财政、教育管理制度，运用公共经济学、教育经济学、教育财政学、政治经济学等相关理论，探讨我国转移支付和地方义务教育服务的关系。本书吸收国内外同类研究的有效方法，以理论分析为基础，以经验分析为佐证，注重研究的实用性和应用性。拟采用规范分析法、实证分析法、比较分析法等进行研究。

（1）规范分析法。规范分析主要回答"应该是什么"的价值判断问题。研究通过义务教育属性的界定来讨论政府在义务教育中的责任。在现行的财政和教育管理制度下，运用财政分权的理论阐述地方政府在义务教育中应承担的责任。最后，确定转移支付在地方政府提供义务教育服务中所起的作用，从而明确转移支付给地方义务教育发展应该带来的作用。

（2）实证分析法。实证分析主要回答"是什么"的问题。这种方法在本书的运用体现在对转移支付和地方政府义务教育投入关系进行详细考察。通过经济计量模型衡量转移支付实际对地方政府义务教育投入差异造成的影响、转移支付促进地方义务教育投入水平和转移支付提高地方政府加大义务教育投入的努力程度，最终确定现实的转移支付和地方政府义务教育投入的关系。

（3）比较分析法。借鉴其他国家通过转移支付促进义务教育发展的经验，结合我国相关制度，对基于县级政府的义务教育财政转移支付制度设计提供参考。同时，在研究转移支付同地方义务教育投入关系时，可与不同研究进行对比，为合理的转移支付制度设计奠定基础。

三、研究内容和思路

义务教育财政转移支付制度是建立在传统财政分权理论和我国特殊环境下的教育财政制度。西方分权理论认为分权会激励地方政府更好地响应地方居民的需求，更有效地配置公共资源，增加教育等地方公共服务的提供。然而，市场经济体制在我国的确立和完善，并不代表义务教育财政制度会自动生成，也不意味着必须以西方的理论作为我国义务教育财政制度的改革蓝本。因此，根据我国国情，本书有意通过转移支付的研究，化解义务教育地方政府承担和经费保障之间的矛盾。全文分为9章进行讨论，具体结构安排如下。

第一章，阐述研究问题的背景和意义，对主要概念以及相关文献进行评述，简述研究目标和方法，概括研究的内容和思路。

第二章，旨在梳理我国义务教育财政制度的变迁，以农村税费改革以及农村义务教育经费保障新机制为时间节点划分为三个阶段，通过义务教育经费的承担主体以及义务教育事权和财政责任主体两条主线厘清相关制度的发展脉络。

第三章，重在厘清转移支付和各层级政府之间在教育事权与支出责任的权责问题，通过对层级政府间权责的划分，进一步提出转移支付解决权责匹

转移支付和地方政府义务教育
zhuanyizhifu he difangzhengfu yiwujiaoyu
touru yanjiu 投 入 研 究

配的困境与意义。

第四章到第七章，是全书的实证研究主体部分，其研究的逻辑如图1-1所示。

第四章，旨在从转移支付功能角度诠释转移支付和义务教育投入的关系。分别从基于横向均衡、纵向均衡以及解决外溢性三个方面阐述转移支付和义务教育投入的关系，最后给出转移支付实现义务教育财政目标的途径。

第五章，旨在回答转移支付对义务教育投入差异的影响。首先对我国地方政府义务教育的投入差异进行评述，在此研究的基础上讨论投入差异和转移支付的关系，分析不同转移支付对投入差异的影响，从而为缩小地方义务教育投入差异提供参考。

第六章，旨在回答转移支付对义务教育投入水平的影响。对我国地方政府义务教育的投入水平进行界定，然后针对不同类型的转移支付进行讨论，评述这些转移支付对义务教育投入水平的影响效果，为提高地方政府转移支付经费使用效率提供参考。

第七章，旨在回答转移支付对地方政府义务教育投入努力程度的影响。在讨论地方政府努力程度衡量的基础上，分析不同类型转移支付激励地方政府义务教育投入的效应，从而为保障地方政府能够提供充足的义务教育经费提供参考。

第八章，在前文分析的基础上，总结转移支付对义务教育投入的影响，在提供更公平、更充足、更有效的义务教育财政保障前提下，通过地方政府义务教育标准需求和供给能力的测算，确定地方政府义务教育投入的缺口，从而尝试设计合理的义务教育财政转移支付公式。

第九章，总结本书理论研究和实证研究方面的发现及研究结果，并针对我国义务教育财政制度提出相应的政策建议，最后对本书的创新和不足进行评述。

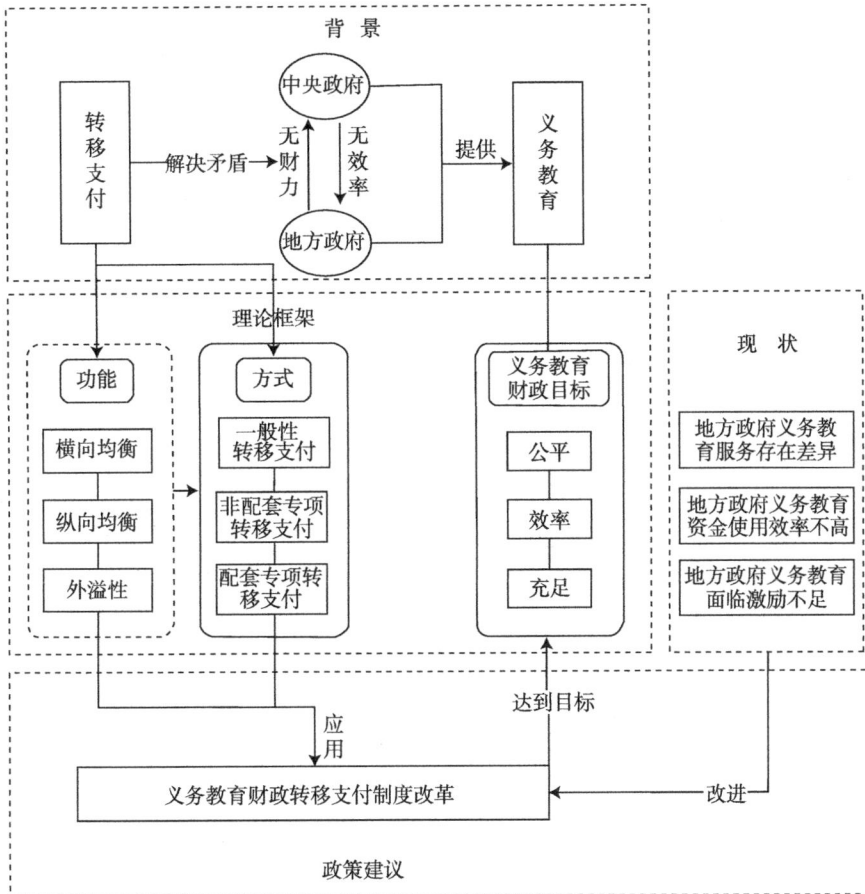

图1-1　转移支付和地方义务教育投入关系研究的思路

第二章 我国义务教育财政制度的变迁

对义务教育财政制度展开研究，首先要厘清我国义务教育财政制度历史变迁的脉络。对义务教育财政制度变迁历史的研究，可以从多种视角展开，通过不同的角度来划分年代考察义务教育财政制度的历史变迁。其一，由于义务教育的管理制度影响义务教育财政制度的安排和变革，所以可按照义务教育管理制度的变革来划分时间段，研究义务教育财政制度的变迁；其二，义务教育财政制度的核心问题是义务教育经费在层级政府间的分担模式。所以，也可以按照义务教育财政核心问题的变革来划分义务教育财政制度的变迁历史；其三，经济体制和财政体制是影响义务教育财政制度变迁的重要制度环境。财政制度的变迁影响义务教育财政制度的安排。因此，也可以从财政制度变迁的角度来划分时间段，考察义务教育财政制度的变迁。

这里对义务教育财政制度变迁阶段的划分是以义务教育财政制度本身的变革为背景，结合义务教育管理制度的变革，考察教育财政制度的生成、运

转移支付和地方政府义务教育
zhuanyizhifu he difangzhengfu yiwujiaoyu
touru yanjiu **投入研究**

行和变革。沿着义务教育经费在个人和政府之间分担、义务教育事权和财政责任在各级政府之间的分担两条主线梳理我国义务教育财政制度变迁的脉络，我们将20世纪80年代中期以来中国义务教育财政制度的历史变迁划分为以下三个阶段：第一阶段，农村税费改革前的义务教育财政制度（1985—2001年）；第二阶段，农村税费改革后义务教育财政制度（2001—2005年）；第三阶段，农村义务教育经费保障新机制实施后的义务教育财政制度（2006年至今）。

第一节　农村税费改革前的义务教育财政制度

1985年颁布的《中共中央关于教育体制改革的决定》提出：把发展义务教育的责任交给地方，有步骤地实行九年制义务教育。1986年颁布的《中华人民共和国义务教育法》确立了地方负责、分级管理的义务教育办学体制。1992年，国务院颁布《中华人民共和国义务教育法实施细则》（以下简称《义务教育法实施细则》），进一步明确了个人和政府共同分担、地方负责的义务教育财政体制。这些政策法规构成了农村税费改革前的义务教育财政制度的基本框架。

一、多渠道筹资，政府个人共担义务教育经费

1.多渠道筹资

《中共中央关于教育体制改革的决定》提出，义务教育实行"多条腿走路、多渠道筹资"的筹资模式。义务教育经费的主要来源：国家用于义务教育的经费、社会对义务教育的投入和个人负担的教育费用。国家用于义务教育的经费包括国家预算内经费、各级政府依法征收的教育费附加，企业营业外收入用于企业办中小学的经费和学校勤工俭学收入用于学校的部分；社会

对义务教育的投入包括社会集资和社会捐资；个人负担的教育费用包括学生个人和家长缴纳的学费与杂费等。

农村义务教育，其经费来源主要包括来自乡镇财政预算内拨款、农村教育费附加、乡镇统筹中用于教育的经费、教育集资、学杂费收入和上级财政转移支付（含教育扶贫等专项资金）等几个方面，其中农村教育费附加、学杂费收入、教育集资和"五项统筹"等预算外收入，不仅仅是作为基础教育经费投入不足的一种补充，而且构成了大多数农村地区教育投入的主体，因为相关制度规定农村中小学的校舍新建、扩建、危房改造、民办教师工资及其部分公用经费均要靠这一部分经费来解决。根据30个省、自治区和直辖市的不完全统计，1981—1991年间，全国用于改善中小学办学条件的资金总额达到1066亿元。其中，政府拨款357.5亿元，占35.5%;多渠道筹资（主要是社会捐、集资）708.5亿元，占66.5%。

对于受教育个人负担的学杂费，《义务教育法》第十条规定，"国家对接受义务教育的学生免收学费"，但没有对杂费做出任何规定。在该法颁布不久，国务院转发四部委的《关于实施〈义务教育法〉若干问题的意见》对免收学费做出了改动，允许收取杂费。1992年发布的《义务教育法实施细则》规定："实施义务教育的学校可以收取杂费。"在这一时期，杂费一直是义务教育经费的重要来源。除杂费外，学生家长还要负担课本资料费、住宿费、文具费、伙食费等多项费用。

2.教育费附加

多渠道筹资中非常重要的一个部分是"教育费附加"。20世纪80年代中期，绝大部分农村地区中小学办学条件非常落后，办学经费严重不足，教师待遇不高。为了改善这种状况，1984年12月，国务院下达《关于筹措农村学校办学经费的通知》，首次提出了征收农村教育费附加，提出除国家拨给的教育经费外，乡级政府可以征收教育费附加，鼓励社会各方面和个人资源投资在农村办学。1985年的《中共中央关于教育体制改革的决定》也强调：地方要鼓励和指导国营企业、社会团体和个人办学，并在自愿的基础上，鼓励单位、集体和个人捐资办学，但不得强迫摊派。为了保证地方教育事业发展，地方可以征收教育费附加，用于改善基础教育的教学设施。1986年《义务教育法》第十二条规定："地方各级人民政府按照国务院的规定，在城乡征收教育事业费附加，主要用于义务教育"。1986年4月，国务院发布的《征收教育费附加的暂行规定》中明确在城市征收教育费附加，费率为在交纳产品税、增值税、营业税的基础上加征1%。1990年6月，国务院《关于修改〈征收教育费附加的暂行规定〉的决定》，规定了从1990年8月1日起，教育费附加除个别单位随营业税上缴中央财政外，其他均就地上缴地方财政；教育费附加纳入预算管理，作为教育的专项资金；教育费附加的使用由教育部门统筹安排，提出分配方案，报同级财政部门同意。农村教育费附加是在1984年《国务院关于筹措农村学校办学经费的通知》中提出的。农村教育费附加是各省、市、自治区或以下政府根据当地义务教育经费状况决定的，由乡级政府组织征收的面向农村居民的收入。

尽管农村和城市同样都有教育费附加，但农村教育费附加与城市教育费附加有所不同，根据相关制度的规定，农村教育费附加的征收对象是农村居民的收入，由乡政府组织征收，征收比例全国没有统一规定，所以，农民个人是农村义务教育经费的直接承担主体，而城市教育费附加是由缴纳三税的企业负担。可见，教育费附加也存在城乡之别。

二、农村以乡为主、城乡有别的政府教育经费分担体制

《中共中央关于教育体制改革的决定》和《义务教育法》明确了义务教育实行"地方负责、分级管理"的体制。城市义务教育以市或市辖区为单位组织，农村义务教育以县为单位组织。现实中城市义务教育基本是由市辖区

具体负责，农村义务教育实行"县、乡、村三级办学，县、乡两级管理"。这实际上是对我国义务教育治理过程中不同层级的政府权利和义务关系的一次调整和重构。

很明显，城市的义务教育管理或实施主体政府的级次要高于农村。城市义务教育的财政管理责任主要由市辖区负责，市辖区的行政级别相当于县，要高于农村的乡镇级别。在筹资责任方面，城市义务教育基本纳入了财政保障的范畴。从农村义务教育支出的来源看，公办教师的工资主要由县和乡两级财政从预算内的"教育事业费"中列支，民办和代课教师的工资则主要由乡镇财政从非预算资金即"乡统筹"中的农村教育附加费负责；公用经费主要来自学杂费和农村教育附加费；农村的中小学新建、改建或扩建的基建费用主要依靠乡、村筹资，自行解决。另外，农民还要承担比城市居民更多的义务教育附加费和教育集资。这是导致城乡义务教育差异的重要原因。

《义务教育法》和《义务教育法实施细则》明确规定了政府义务教育经费主要由地方政府负责，中央政府提供少量补助，但并没有对某一级政府对义务教育的财政责任作出具体的规定。中央政府只承担对贫困地区义务教育的扶持责任；省级政府除了制定相关的经费标准外，也只承担少量对贫困地区的经费补助责任；县级财政主要承担少数城区学校的教育投入责任及其对乡镇学校基建给予补助；乡镇财政负责本地中心小学和乡镇中学（主要是初级中学）的经费投入，行政村（也有个别自然村）则需负责村办小学部分经费的筹措工作。在具体的义务教育财政制度安排中，中央只对教职员工的基本工资和最低办学标准作出规定，教职人员的工资水平和公用经费的标准都由省级政府确定。至于这些标准能否执行，或者每年的财政支出中究竟多少能用于义务教育，其决策权主要掌握在县、乡政府和同级人大。

在三级办学的体制下，县、乡政府是义务教育管理和经费筹措的主体，中央及省级政府在整个义务教育（特别是农村义务教育）经费的筹措与分配

转移支付和地方政府义务教育
zhuanyizhifu he difangzhengfu yiwujiaoyu
touru yanjiu 投入研究

中占有的比重或份额非常低。1988年，我国中小学预算内教育经费来源中，中央所占比重仅占9.15%，地方所占比重高达90.85%。此后的一段时间，中央政府在基础教育经费的筹措中所占比例大体上保持在这个比例范围（苌景州，1996）。

第二节 农村税费改革后的义务教育财政制度

2000年3月，中共中央、国务院下发《关于进行农村税费改革试点工作的通知》；2003年3月，国务院发出《关于全面推进农村税费改革试点工作的意见》，标志着农村税费改革的全面实施。农村税费改革给义务教育财政制度带来的最大改变就是取消了农村教育费附加、教育集资等专门面向农民征收的行政事业性收费和政府性基金，加剧了农村义务教育经费的短缺，促进了中央和省级政府义务教育财政转移支付制度的发展。

一、学杂费的提高与"一费制"的提出

农村税费改革后，农村义务教育失去了教育费附加收入和集资收入。虽然中央和省级政府为了弥补农村税费改革后乡镇财政收入的减少提供了转移支付，其中包括用于义务教育的部分，但这些转移支付资金远远小于原有的农村教育费附加和教育集资收入，加剧了原本就很严重的农村义务教育经费的短缺。具体表现在：一是教师工资拖欠问题。在税费改革前，全国很多地区已经出现教师工资拖欠问题。但很多地方的做法是将教育费附加用作教师工资发放。税费改革后，教育费附加被取消，丧失了能够弥补教育经费不足的预算外经费来源，教师工资拖欠问题变得更加尖锐。二是危房问题。除了教师工资拖欠外，农村义务教育阶段学校危房率高也是农村税费改革后农村义务教育面临的一大问题。根据相关法律规定，农村中小学校舍的修建应当列入农村建设总体规划之中，筹集经费的责任主要在乡镇和村级政府，校舍

改造资金主要来源于农村教育费附加和教育集资，县级政府对于经费有困难的乡村予以补助。农村税费改革后，教育费附加和教育集资都被取消，校舍修建和改造失去资金来源，义务教育阶段学校危房率上升。三是义务教育阶段中小学运转困难。随着农村税费改革取消教育费附加和教育集资，中小学校的日常运转只能靠杂费收入维持，杂费成为公用经费唯一来源。规模较小学校的正常运转难以保障（魏向赤，2006）。

为了应对短缺，不少农村学校提高杂费水平，增加收费项目，导致学生家庭教育负担加重，因为负担不起费用而辍学的现象大量出现（王景英，2003）。义务教育收费项目的增多和学生家庭负担的加重，引起了社会的强烈的不满。为了治理义务教育收费不规范问题，中央政府提出了义务教育学校收费"一费制"的政策。"一费制"的基本内容是指在严格核定杂费、课本和作业本费标准的基础上，确定一个收费总额，然后一次性统一向学生收取。经国务院批准，"一费制"2001年开始在贫困地区农村义务教育阶段学校试点，2004年在全国义务教育阶段学校普遍推行。

"一费制"的具体收费标准的制定权在省级人民政府。中央要求各地在制定"一费制"收费标准时要因地制宜、实事求是，充分考虑地区间、城乡间经济发展水平、群众承受能力的差异，省内不同地区、城市和农村的中小学，以及同一学校的不同年级可以确定不同的收费标准。

因此，在农村税费改革后，一方面取消了全体农村居民负担的教育费附加和教育集资，减轻了农民负担；另一方面增加了向学生家长收取的杂费，加重了家长的教育负担，农村义务教育经费短缺问题更加突出。不过，农村税费改革后所凸显的农村义务教育阶段学校教育经费不足现象并不是由于税费改革所带来的，这些问题由来已久，只是在税费改革后，这些问题更加严重。农村义务教育经费保障方面问题的根源在于原有的义务教育财政制度下，教育经费的负担过于依赖乡镇，而乡镇财力不足，难以保障义务教育经费的供给。

转移支付和地方政府义务教育
zhuanyizhifu he difangzhengfu yiwujiaoyu
touru yanjiu 投入研究

二、"以县为主"体制的确立

2001年国务院《关于基础教育改革和发展的决定》和2003年国务院《关于进一步加强农村教育的决定》，提出了农村义务教育管理新体制，即"在国务院领导下，由地方政府负责，分级管理，以县为主"。规定县级人民政府对农村义务教育负有主要责任，省（市）、市（区）、乡（镇）等各级人民政府承担相应责任，中央政府给予必要的支持。

新的义务教育管理制度对县级政府的责任作了明确的规定。县级人民政府对本地农村义务教育负有主要责任，要抓好中小学的规划、布局调整、建设和管理，统一发放教职工工资。根据国家中小学教职工编制标准和省级人民政府的实施办法，提出农村中小学教职工的编制方案，并根据省级人民政府核批的农村中小学教职工编制，核定学校的教职工编制。负责中小学校长、教师的管理，指导学校教育教学工作。县级政府要加强对教师管理和教师工资发放的统筹职能，将农村中小学教师工资的管理上收到区（县），由区（县）级财政按国家规定的标准及时足额发放。

县级政府要调整好本级财政的支出结构，增加教育经费预算，合理安排使用上级转移支付资金，保证足额按时发放教职工工资，统筹安排农村中小学公用经费，安排使用校舍建设和危房改造资金，改善办学条件，指导农村中小学的教育教学工作，维护学校正常秩序，对乡镇人民政府的有关教育工作和农村中小学进行督导评估。

这两个文件还对其他各级政府的责任作了规定。

中央要加大对农村义务教育的支持力度，通过转移支付支持贫困县的义务教育，并安排专项资金用于贫困地区农村中小学危房改造和校舍建设，确保农村义务教育的健康发展。

省级人民政府要加强教育统筹规划，搞好组织协调，负责统筹制定本省的农村义务教育发展规划；根据国家中小学教职工编制标准，制定具体实施办法，核定各县的农村中小学教职工编制；核实各县的财力水平，统筹安排财力，对财力不足、发放财政供养人员工资已达到合理比例仍有困难的县，通过调整财政制度和财政支出结构、增加省级财政转移支付，合理安排中央财政转移支付资金的办法，帮助县人民政府确保农村中小学教职工工资的足额发放；核定本地区农村中小学公用经费的标准和定额，确定农村中小学收费的项目和标准；增加危房改造专项资金的投入；加强对下级政府教育工作的督导检查。

地（市）级人民政府负责制定本地区的农村义务教育发展规划，组织协调农村义务教育发展；根据国家中小学教职工编制标准和省级人民政府实施办法，上报本地区各县农村中小学教职工编制；根据省级人民政府的要求，对财力不足的县给予转移支付，对农村中小学危房改造给予补足；组织实施督导检查。

乡（镇）人民政府要承担相应的农村义务教育的办学责任，根据国家规定筹措教育经费，改善办学条件，提高教师待遇。继续发挥村民自治组织在实施义务教育中的作用。乡（镇）、村都有维护学校的治安和安全、动员适龄儿童入学等责任。

对农村教师工资、公用经费及校舍建设和改造资金的分担的规定，也强调了县级政府的主要责任。

确保农村中小学教师工资发放是地方各级人民政府的责任。从2001年起，将农村中小学教师工资的管理上收到县，为此，原乡（镇）财政收入中用于农村中小学教职工工资发放的部分要相应划拨上交到县级财政部门，并按规定设立"工资资金专户"。县级人民政府按省级人民政府核定的教职工编制和国家统一规定的工资项目和标准，结合本级政府的财政状况和上级政府给予的转移支付资金，将农村中小学教职工工资全部纳入本级财政预算，通过银行直接拨入教师在银行开设的个人账户中，保证教师工资按时足额发放。

转移支付和地方政府义务教育
zhuanyizhifu he difangzhengfu yiwujiaoyu
touru yanjiu 投入研究

省级人民政府要统筹核定教师编制和工资总额,对财力不足、发放教师工资确有困难的县,要通过调整财政体制和增加转移支付的办法解决农村中小学教师工资发放问题。在此基础上,为支持国家扶贫开发工作重点县等中西部困难地区建立农村中小学教师工资保障机制,中央财政将给予适当补助。各级人民政府要进一步加强对教师工资经费的监管,实行举报制度,对于不能保证教师工资发放,挪用挤占教师工资资金的地方,一经查实,要停止中央财政的转移支付,扣回转移支付资金,并追究主要领导人的责任。

农村中小学进一步发展所需的校舍建设项目,由县级人民政府列入基础设施建设统一规划,经省级人民政府审批后,由省、市、县人民政府筹资解决。农村中小学不得举债建设。县级人民政府要采取有效措施,清理偿还"普九"欠债。农村中小学教学仪器购置和图书资料购买所需的费用,由县级人民政府安排。

县级人民政府要按照省级人民政府核定的农村中小学公用经费标准和定额,统筹安排,予以保障。经济和财力比较好的县,标准和定额可以适当提高。农村中小学公用经费资金来源除学校按规定向学生收取的杂费外,其余由县、乡两级政府预算安排。农村中小学按省级政府规定向学生收取杂费,全部用于公用经费开支,不得用于教职工资、津贴、福利和基建开支。国家扶贫开发工作重点县的农村中小学按国家有关规定实行"一费制",并严格按标准收取。实行"一费制"后农村中小学公用经费的缺口,按省级人民政府核定的农村中小学公用经费标准和定额,在上级人民政府的转移支付资金中安排。

第三节 农村义务教育经费保障新机制后的义务教育财政制度

"以县为主"的体制在促进义务教育经费充足和均衡方面都起到了一定的作用,但是,农村义务教育依然是我国教育事业中最薄弱的环节。在一些贫困县，由于县级财力不足，教师工资得不到保障，中小学公用经费短缺现象仍很严重。县级以上政府投入责任不明确，缺乏科学的经费分担机制，财政投入总量不足，难以形成稳定增长的义务教育经费投入机制。

在这种背景下，2005年12月，国务院颁布《关于深化农村义务教育经费保障机制改革的通知》（以下简称"新机制"），要求按照"明确各级责任、中央地方共担、加大财政投入、提高保障水平、分步组织实施"的基本原则，逐步将农村义务教育全面纳入公共财政保障范围，建立中央和地方分项目、按比例分担的农村义务教育经费保障机制。中央重点支持中西部地区，适当兼顾东部部分困难地区。

2010年7月公布的《国家中长期教育改革和发展规划纲要（2010—2020年）》（以下简称《纲要》）则提出将义务教育全面纳入财政保障范围，实行国务院和地方各级人民政府根据职责共同负担，省、自治区、直辖市人民政府负责统筹落实的投入体制。进一步完善中央财政和地方财政分项目、按比例分担的农村义务教育经费保障机制，提高保障水平。尽快化解农村义务教育学校债务。

到2015年11月，国务院印发了《关于进一步完善城乡义务教育经费保障机制的通知》，对"新机制"做了深入修订，继续明确建立统一的中央和地方分项目、按比例分担的城乡义务教育经费保障机制。要求通过深化财税体制改革、教育领域综合改革的新要求，统筹设计城乡一体化的义务教育经费保障机制；继续加大义务教育投入，重点向农村义务教育倾斜；创新义务教育转移支付与学生流动相适应的管理机制，实现相关教育经费可携带，增强学生就读学校的可选择性；区分东中西部、农村和城镇学校的实际情况，通过两年时间逐步完善城乡义务教育经费保障机制。

一、全面实施免费义务教育

"新机制"规定：全部免除农村义务教育阶段学生学杂费，对贫困家庭

转移支付和地方政府义务教育
zhuanyizhifu he difangzhengfu yiwujiaoyu
touru yanjiu 投入研究

学生免费提供教科书并补助寄宿生生活费。具体的实施步骤安排：从2006年农村中小学春季学期开学起，分年度、分地区逐步实施。

2006年，西部地区农村义务教育阶段中小学生全部免除学杂费；2007年，中部地区和东部地区农村义务教育阶段中小学生全部免除学杂费。

在继农村税费改革免除农民教育费附加和教育集资后，农村义务教育的学杂费也全部被免除，农民不再需要分担义务教育经费，农村地区逐步实行免费的义务教育。农村义务教育全面纳入公共财政保障范围，由政府负担。

2008年8月，《国务院关于做好免除城市义务教育阶段学生学杂费工作的通知》发布，决定从2008年秋季学期开始，在全国范围内全部免除城市义务教育阶段学生学杂费。对享受城市居民最低生活保障政策家庭的义务教育阶段学生，继续免费提供教科书，对家庭经济困难的寄宿学生补助生活费。在全面实施农村义务教育经费保障机制改革的基础上，免除城市义务教育阶段学生学杂费，进一步强化政府对义务教育的保障责任，对推动义务教育均衡发展，促进教育公平，具有重要意义。具体而言，一要完善城市义务教育经费保障机制，加强预算管理，严格按照预算办理各项支出，严禁挤占、截留、挪用义务教育经费。二要规范城市义务教育阶段服务性收费和代收费。收费项目和标准要经省级人民政府审定，坚持学生自愿和非营利原则，严格执行教育收费公示制度。三要切实解决好进城务工人员随迁子女入学问题。进城务工人员随迁子女接受义务教育以流入地为主、公办学校为主解决；对符合当地政府规定接收条件的随迁子女，要统筹安排在就近的公办学校就读，免除学杂费，不收借读费。四要在接受政府委托、承担义务教育任务的民办学校就读的学生，按照当地公办学校免除学杂费标准，享受补助。

2009年，中央正式出台农村义务教育阶段中小学公用经费基准定额，公用经费基准定额全部执行到位，并且要求生均公用经费基准定额提前一年到位，农村义务教育经费保障机制初步述立。

2011年，中央及地方政府继续完善保障机制，提高生均拨款标准，达到西部小学500元，初中700元；东部小学550元，初中750元。在此基础上，中央政府将启动民族地区、贫困地区农村小学生营养改善计划，具体措施为在集中连片特殊困难地区开展试点，中央财政按照每生每天3元的标准为试点地区农村义务教育阶段学生提供营养膳食补助。试点范围包括680个县（市）约2600万在校生。初步测算国家试点每年需资金160多亿元，由中央财政负担。鼓励各地以贫困地区、民族和边疆地区、革命老区等为重点，因地制宜开展营养改善试点。中央财政给予奖补。统筹农村中小学校舍改造，将学生食堂列为重点建设内容，切实改善学生就餐条件。将家庭经济困难寄宿学生生活费补助标准每生每天提高1元，达到小学生每天4元、初中生每天5元。中央财政按一定比例奖补。

二、加大中央和省级政府的投入责任

"新机制"在坚持义务教育管理"以县为主"的基础上，规定了中央政府的义务教育财政责任，强调实行义务教育经费的省级统筹，加大了中央和省级政府的投入责任，对政府间义务教育经费的分担责任进行了重大调整。《纲要》则提出进一步加大省级政府对区域内各级各类教育的统筹，统筹管理义务教育，推进城乡义务教育均衡发展，依法落实发展义务教育的财政责任。

"新机制"规定，免学杂费资金由中央和地方按比例分担，西部地区为8∶2，中部地区为6∶4；东部地区除直辖市外，按照财力状况分省确定。免费提供教科书资金，中、西部地区由中央全额承担，东部地区由地方自行承担。补助寄宿生生活费资金由地方承担，补助对象、标准及方式由地方人民政府确定。

对于提高公用经费保障，规定先落实各省（区、市）制定的本省（区、市）农村中小学预算内生均公用经费拨款标准，所需资金由中央和地方按照

转移支付和地方政府义务教育
zhuanyizhifu he difangzhengfu yiwujiaoyu
touru yanjiu　投入研究

免学杂费资金的分担比例共同承担。在此基础上，为促进农村义务教育均衡发展，由中央适时制定全国农村义务教育阶段中小学公用经费基准定额，所需资金仍由中央和地方按上述比例共同承担。中央适时对基准定额进行调整。

对于建立农村中小学校舍维修改造长效机制，规定对中西部地区，中央根据农村义务教育阶段中小学在校生人数和校舍生均面积、使用年限、单位造价等因素，分省（区、市）测定每年校舍维修改造所需资金，由中央和地方按照5:5比例共同承担。对东部地区，农村义务教育阶段中小学校舍维修改造所需资金主要由地方自行承担，中央根据其财力状况以及校舍维修改造成效等情况，给予适当奖励。

对于巩固和完善农村中小学教师工资保障，规定中央继续按照现行体制，对中西部及东部部分地区农村中小学教师工资经费给予支持。省级人民政府要加大对本行政区域内财力薄弱地区的转移支付力度，确保农村中小学教师工资按照国家标准按时足额发放。

三、新机制成效显著但还存在一定的缺陷

2010年，伴随《纲要》的颁布，"新机制"的各项规定得到进一步落实，义务教育财政状况有所改善。

首先，减轻了农民的负担，农村义务教育实现了政府办学。农村义务教育经费保障新机制是继农村税费改革和取消农业税后政府的又一重大惠农政策，主要受益者是农民。"新机制"的出台使城乡子女受教育机会趋向公平，减轻了农民的负担。据初步测算，西部农村地区仅免除学杂费一项，平均每个小学生年减负140元、初中生年减负180元；享受免费教科书的贫困生，小学生平均年减负210元、初中生年减负320元；既享受免费教科书又享受生活费补助的家庭经济困难寄宿生，小学生平均年减负达510元，初中

生年减负达620元。中部农村地区免除学杂费一项，小学生年减负约180元，初中生年减负约230元（陈至立，2007）。

其次，农村地区义务教育的公用经费、中小学校舍维修改造经费得到了更好的保障。文件明确规定将农村义务教育全面纳入公共财政保障范围，更进一步明确了各级政府的投入责任。对于公用经费，中央提高农村中小学公用经费基准定额，中央和省两级财政按基准定额予以经费保障。

再次，促进了农村义务教育的发展。农村义务教育经费保障机制实施之后，农村儿童接受义务教育的机会进一步得到保障，农村义务教育普及水平得到提高。"新机制"免除了义务教育阶段学生学杂费，对家庭经济困难学生免费提供教科书，对贫困寄宿生还提供生活补助。"新机制"的实施不仅保证了在校学生不会因贫辍学，也促使已经辍学的贫困孩子重返校园，学生辍学现象得到有效遏制，农村地区适龄儿童"上学难、上学贵"问题基本解决，极大地促进了教育公平。据统计，2006年西部地区有20万名学生重返校园，小学毕业生升学率均达到较高水平，农村义务教育普及水平进一步提高。

但是，"新机制"还存在一定的缺陷，在新的《纲要》中也未能明确解决。

首先，对于义务教育经费主要部分的教师工资的负担没有明确的规定，仍由县级政府承担。教师地方津补贴和"三险一金"（指医疗保险、养老保险、失业保险和住房公积金）的问题也没有得到关注。

其次，"新机制"在经费分担上虽采取分项目、按比例实施的办法，但只限于占义务教育经费比重较小的"两免一补"经费、公用经费和校舍维修费。而"新机制"中对于免杂费资金和公用经费，西部中央地方按8:2、中部中央地方按6:4分担，校舍维修经费中央地方按5:5的比例分担，这一比例的确定缺乏科学依据。同时，三个地区内部的各省之间财力也存在差异，中央按同一比例补助也是不合理的。

转移支付和地方政府义务教育
zhuanyizhifu he difangzhengfu yiwujiaoyu
touru yanjiu　投入研究

最后，"新机制"并没有解决进城务工人员子女义务教育经费保障问题。尽管新的义务教育法规定，农民子女的义务教育实行以流入地政府管理为主、以公办学校就读为主，但是北京、上海、广州等大城市，能够进入公办学校就读的农民工子女不足2/3，有的地方甚至只有一半。在公办学校就读的进城务工人员子女还要缴纳赞助费、借读费等诸多费用（杨东平，2008）。很多农民工子女只能在条件简陋的打工子弟学校就读，需要负担学杂费等各种费用。"新机制"对进城务工人员子女义务教育经费保障，特别是各级政府的负担责任问题，没有涉及。

四、城乡义务教育经费保障机制的统筹与完善

自2006年实施农村义务教育经费保障机制改革以来，义务教育逐步纳入公共财政保障范围，城乡免费义务教育全面实现，稳定增长的经费保障机制基本建立，九年义务教育全面普及，县域内义务教育均衡发展水平不断提高。但随着我国新型城镇化建设和户籍制度改革不断推进，学生流动性加大，"新机制"已不能很好地适应新形势要求，所以，2015年年底，国务院新下发《关于进一步完善城乡义务教育经费保障机制的通知》，即是对"新机制"的调整与完善，特别是针对城乡义务教育经费保障机制有关政策不统一、经费可携带性不强、资源配置不够均衡、综合改革有待深化等问题，采取了相应的新措施。

首先，统一城乡义务教育经费保障机制。这其中包括统一城乡义务教育"两免一补"政策与统一城乡义务教育学校生均公用经费基准定额，农村学生、家庭贫困学生等弱势学生将得到进一步的支持与帮助。免费教科书资金，国家规定课程由中央全额承担，地方课程由地方承担，家庭经济困难寄宿生生活费补助资金由中央和地方按照5:5比例分担。同时，进一步明确生均公用经费基准定额所需资金中央和地方的分担比例，西部地区及中部地区

比照实施西部大开发政策的县（市、区）为8:2，中部其他地区为6:4，东部地区为5:5。从2016年起，生均公用经费基准定额为中西部地区普通小学每生每年600元、普通初中每生每年800元；东部地区普通小学每生每年650元、普通初中每生每年850元。在此基础上，对寄宿制学校按照寄宿生年生均200元标准增加公用经费补助，农村地区不足100人的规模较小学校按100人核定公用经费等政策，特殊教育学校和随班就读残疾学生按每生每年6000元标准补助公用经费等措施。

其次，巩固义务教育阶段的配套发展。包括巩固完善农村地区义务教育学校校舍安全保障长效机制与巩固落实城乡义务教育教师工资政策。通知中明确中西部农村地区公办义务教育学校校舍安全保障机制所需资金由中央和地方按照5:5比例分担；对东部农村地区，中央继续采取"以奖代补"方式，给予适当奖励。同时，中央继续对中西部地区及东部部分地区义务教育教师工资经费给予支持，省级人民政府加大对本行政区域内财力薄弱地区的转移支付力度。加大对艰苦边远贫困地区和薄弱学校教师的倾斜力度。

最后，明确提出"两免一补"和生均公用经费基准定额资金随学生流动可携带。在教育经费可携带以及城乡统一、区域统筹的基础上，取消对城市义务教育免除学杂费和进城务工人员随迁子女接受义务教育的中央奖补政策。这是新政策中创新义务教育转移支付与学生流动相适应的管理机制，实现相关教育经费可携带，增强学生就读学校的可选择性，有效推动了实现财政转移支付同农业转移人口市民化挂钩，促进劳动力合理流动。

综上，完善后的"新机制"是在整合农村义务教育经费保障机制和城市义务教育奖补政策的基础上，建立城乡统一、重在农村的义务教育经费保障机制。这无疑进一步明确中央政府与地方政府在义务教育投入保障上的权责与投入比例，平衡区域差异，缩小城乡差距，促进教育公平、提高教育质

转移支付和地方政府义务教育
zhuanyizhifu he difangzhengfu yiwujiaoyu
touru yanjiu **投入研究**

量。同时，强调了省级政府统筹教育改革，优化教育布局，实现城乡义务教育在更高层次的均衡发展。另外，新政策创新性地把教育经费与学生流动挂钩，通过财政制度改革实现了财政转移支付的灵活性，有利于促进基本公共服务均等化。

第四节　结论

本章以义务教育经费在个人和政府之间的分担、义务教育事权和财政责任在各级政府之间的分担两条主线，分三个阶段梳理我国义务教育财政制度变迁的脉络，并分析了制度变革的原因、效果和不足之处。这里将我国义务教育财政制度变迁的特征概括如下。

一、义务教育经费从政府个人共担到政府财政保障

农村税费改革前，上级政府财力有限，将义务教育的责任划分为地方政府，而经费则由个人和政府共同分担。税费改革后，在农村虽然明确将义务教育的责任由乡、镇提升到县级政府，但由于基层政府财力减弱，反而加大了个人承担义务教育经费的压力。农村义务教育经费保障新机制实施以后，政府个人共担义务教育经费的格局得到根本改变，逐步从农村到城市实施了免费政策，实现了义务教育经费完全由财政保障。

二、个人承担义务教育经费从城乡有别到逐步取消

农村税费改革前，教育费附加是农村义务教育经费的重要组成部分。在农村农民个人是教育费附加的直接承担主体，而城市教育费附加则由缴纳三税的企业负担。税费改革和"一费制"实施后，虽然取消了农民集资摊派和农村教育费附加，但由于地方农村政府财力减弱，只有通过提高学杂费等手

段来保障义务教育经费，造成农民负担的义务教育经费并未减少。新的"义保机制"实施后，才逐步将农村义务教育经费纳入财政保障，这样才消除城乡居民个人承担义务教育经费的差别。

三、政府承担义务教育经费责任从地方为主到上级统筹

农村税费改革前，义务教育承办责任在地方政府，经费也多由乡一级政府来保障。税费改革之后，明确了县级政府在兴办义务教育的责任主体，也将经费保障水平提高了一层。"新机制"实施以后，逐步将中央、省级政府纳入义务教育经费保障的责任主体之中，而最新的《国家中长期教育改革和发展规划纲要（2010—2020年）》《关于进一步完善城乡义务教育经费保障机制的通知》都明确提出义务教育经费由中央和地方政府共担、省级政府统筹，从而进一步加强了上级政府的责任，在整合农村义务教育经费保障机制和城市义务教育奖补政策的基础上，义务教育全面纳入公共财政保障范围，建立城乡统一、重在农村的义务教育经费保障机制。

第三章　转移支付和层级政府间教育事权与支出责任的划分

党的十八届三中全会提出了深化财税体制改革的重要内容，即建立事权和支出责任相适应的制度。《中共中央关于全面深化改革若干重大问题的决定》明确指出："适度加强中央事权和支出责任，部分社会保障、跨区域重大项目建设维护等作为中央和地方共同事权，逐步理顺事权关系，中央和地方按照事权划分相应承担和分担支出责任。中央可通过安排转移支付将部分事权支出责任委托地方承担。"这条规定一方面反映出各级政府事权与支出责任具有密不可分的关系，特别是合理划分中央与地方财政事权和支出责任是政府有效提供基本公共服务的前提和保障，是建立现代财政制度的重要内容，是推进国家治理体系和治理能力现代化的客观需要。另一方面也折射出我国当前存在着各级政府事权、支出责任和财权不对称的问题，特别是中央与地方财政事权和支出责任划分还不同程度存在不清晰、不

转移支付和地方政府义务教育
zhuanyizhifu he difangzhengfu yiwujiaoyu
touru yanjiu 投入研究

合理、不规范等问题。

2016年国务院颁布《关于推进中央与地方财政事权和支出责任划分改革的指导意见》，要求科学合理划分中央与地方财政事权和支出责任，形成中央领导、合理授权、依法规范、运转高效的财政事权和支出责任划分模式，落实基本公共服务提供责任，提高基本公共服务供给效率，促进各级政府更好履职尽责。其中，教育作为我国基本公共服务，是对国家经济发展和社会进步至关重要的准公共物品，财政事权和支出责任划分与教育的改革紧密相连、不可分割，准确划分各级政府的教育事权与支出责任，对有效提供教育产品和服务，深化教育财政制度改革具有十分重要的意义。

第一节　我国教育事权与支出责任的划分

一、我国层级政府间教育事权与支出责任的划分并不明晰

在我国，高等教育基本上是中央和省两级管理、两级财政"分担"，基础教育则"以县为主""省级统筹"，但何为"分担"、何为"为主"、何为"统筹"，界定不明确，也不合理。对我国各级政府对教育事权与支出责任进行比较全面的梳理，不难发现，对于教育事权与支出责任的界定主要体现以下几个特点和问题。

（1）教育公共支出仍以地方为主。教育这类公共服务正外部性较大，从发达国家的实践来看，不论采取何种模式，中央政府或省级政府在教育公共服务提供中均扮演了主要角色，但在我国基层政府是教育的支出主体，公共教育提供的政府层次较低，不能保障其供给的充分、均等。

（2）中央政府教育事权庞杂。尽管相关法律对教育事权与支出责任有明确划分，但在实际执行中越来越模糊。中央财政对教育的专项转移支付项目

庞杂，涉及教师工资、津补贴、教师培训、学校运转、校舍维修、食堂建设、学生吃饭饮水等方方面面，几乎所有项目都有中央划拨的经费，事权混杂，职责不清。

（3）多元化办学程度不高。在本应由政府、市场、社会、个人等多元筹资的其他教育阶段，市场、社会参与度不高。我国学前教育资源匮乏、质量不高、入园难问题突出；职业教育中企业和社会参与不足，多元化办学程度不高；高等教育过分依赖政府投入，多渠道筹资理念不强、机制不够健全。

二、划分政府间教育事权与支出责任非常困难

层级政府间教育事权与支出责任的划分不单是教育和财政问题，而是国家治理结构问题。在界定市场与政府作用边界的基础上，中央提出要建立中央和地方事权与支出责任相适应的制度，明确提出适度加强中央事权与支出责任。但这涉及层级政府间事权、财权、财力、支出责任和支出结构，较为复杂，短期内要界定清楚，有以下几个方面很难处理。

（1）受益范围难明确。依照公共产品的理论，受益遍及全国的教育服务由中央政府提供，受益范围在地方的由地方政府提供。但地方提供的教育服务存在外部性，这种外部性很难通过扩大中央明确的事权来解决，同时在地方政府之间也很难通过协商机制解决。

（2）特殊的中国国情。我国城乡二元结构和地区经济发展极不均衡，各地人均财力差异非常大。部分地方财政困难是政府职能范围扩大、支出标准过高和收入预期与经济发展之间的矛盾造成的，政府间财政关系的调整只能解决支出责任划分、收入划分在制度安排上的不对称，对缓解财政困难也只是治标之策。

（3）服务效率与规模经济难兼顾。有些教育服务由中央政府提供，缺乏对地方特殊情况的考虑，难免造成"一刀切"，从而降低公共服务的生产效

率。而有些教育服务由地方政府提供，可能无法发挥规模经济效应，由中央政府提供则可节约成本。

（4）委托服务缺乏绩效监督。一部分中央的教育服务可以由中央承担支出责任、委托地方执行。但中央层面缺乏绩效观念和责任意识，重资金拨付轻监督管理。而地方层面在资金使用中，不计成本、不讲效益，只注重争取更多投入，较少考虑产出效果，使得财政资金浪费严重，产出效率低下，收支矛盾突出。

三、解决教育事权与支出责任匹配的途径

教育事权与支出责任相适应是理想目标，但现实由于财政纵向、横向不均衡，政府事权与支出责任划分根据不同，难以对等。在深化财税体制改革的背景下，通过教育财政投入机制的设计，利用中央和各级地方政府间财政转移支付，包括一般和专项转移支付，可以解决层级政府间教育事权与支出责任的匹配。

第二节　转移支付解决教育事权与支出责任匹配的现实困境

利用转移支付解决教育事权和支出责任不匹配的问题，关键是完善教育投资机制体制，科学设计教育财政转移支付工具。由于我国经济和财政发展在区域间严重不均衡，大多数地方的财力难以承担教育的支出责任，财政缺口大多采取中央和省专项财政转移支付弥补。与建立现代财政制度的要求相比，现行中央对地方转移支付制度存在的问题和不足也日益凸显，突出表现为受中央与地方事权和支出责任划分不清晰的影响，转移支付结构不够合理。中央提出转移支付要加大一般性财政转移支付比重，清理、整合、规范专项转移支付，但一般性转移支付的目标是均衡地方财力，推进公共服务均

等化，不宜规定其中教育所占比例，且一般性转移支付项目种类多、目标多元，均等化功能弱化。而另一方面，指定用途的专项转移支付可加大中央和省对地方教育的支出责任，但现行的教育专项转移支付名目繁多、交叉重叠，且涉及领域过宽，分配使用不够科学。

一、一般性转移支付

中央以一般性转移支付弥补地方财力缺口，同时制订各级各类教育的经费保障标准，并以督导考核的方式推动地方政府完成中央的政策目标。这种做法的优点是抑制了预算软约束效应，其弊端是难以降低非均衡化效应。在现实中，为了应对这个问题，中央财政的许多一般性转移支付资金都规定了支配主体的政府层级，以确保财力尽量向基层下沉。但地方政府依然可以通过行政手段向基层的事业单位推卸责任，最终导致基层学校的负债和乱收费现象屡禁不止。此外，地方政府教育投入考核体制的建立也面临一定的困难，具体来讲包括三个方面：①部分考核目标难以量化，例如校园、校舍安全等目标；②中央部委缺乏足够的考核奖惩手段；③地方政府领导人的任期不断缩短，往往难以追究考核责任。

二、专项转移支付

相比于一般性转移支付，专项转移支付有利于中央在短期内实现预定的政策目标，纠正地方政府的行为偏差，抑制非均衡化效应。但专项资金的弊端也是显而易见的：①专项资金本身会更明确地发出一个政治信号，就是中央政府会把这件事情负责起来。因此，专项比一般性转移支付会更容易导致地方政府的事权转移。②在争夺专项资金分配权和使用权的过程中，各行政主体没有动力统筹使用各类专项资金。即便在同一个教育行政部门内部，要统筹使用各类专项资金也是非常困难的。与此同时，分配专项资金的行政部

转移支付和地方政府义务教育
zhuanyizhifu he difangzhengfu yiwujiaoyu
touru yanjiu 投入研究

门有时也存在优先确保重点学校（或示范性学校）建设的倾向。这些都导致专项性转移支付在调节各级各类教育投入的结构平衡方面存在局限性。③地方政府在争取各类专项资金的积极性方面存在偏差。地方政府一般在基建类项目上存在很强的冲动，而对于一些软件性的专项投入，地方政府则没有热情配合落实中央部委的政策目标。例如，地方政府对校舍安全项目有很大的积极性，而对提升教师教学水平的项目缺乏兴趣。

三、专项性一般转移支付

从某种意义上讲，给定中央的转移支付规模，在两种转移支付效应之间的利弊权衡决定了中央怎样设计转移支付体制。如果要同时降低两种效应的负面效果，就必须改革中央转移支付的传统制度设计方式。

自2006年开始建立的义务教育经费保障新机制可谓是财政政策工具的创新。在"新机制"的框架下，中央和地方之间是依据一定的生均经费保障标准分项目、按比例进行投入的。由于中央的投入是按照一定的基准进行拨款，拨款的机制被体制化，而经费的用途又受到中央的监管，因此，"新机制"是介于传统的一般性和专项性转移支付之间的一种财政补助形式，可以称之为"专项性一般转移支付"。而从2010年起，中央财政建立了"以奖代补"机制鼓励地方财政加大地方高等教育投入的政策，使得这种"专项性一般转移支付"的分配可以与一定激励机制挂钩，进一步实现了政策创新。

那"专项性一般转移支付"是否就能解决教育财政领域一般性转移支付和专项转移支付的弊病呢？相比于一般性转移支付，其降低地方财政的非均衡化效应，保障基层政府用于指定教育服务的财力。而相比于专项转移支付，能够更加明确地方政府的事权，同时保障地方政府在指定教育服务中经费使用的自主权。但是，对各级各类教育的不同性质的投入，全国性的保障标准往往难以形成共识，影响了"专项性一般转移支付"的推广。以2015年颁布的"城乡义务教育经费保障机制"为例，相比于2005年的"新机制"可能更加全面地考虑到城乡人口流动等问题，但仍然坚持以东中西的区域"按项目分比例"实施投入，难免延续"一刀切"的局面。我们认为，为体现转移支付的"专项性"，中央应根据各省的实际情况，就特殊的教育事权针对财力缺口进行奖补。而体现"一般性"则应扭转以往由中央政府核定各项支出标准的做法，改为由省政府自下而上制订本省的各类公共教育支出标准。省政府基于本省的公共教育支出标准体系的实施情况，完善省以下转移支付体系。

第三节　转移支付解决教育事权与支出责任匹配的具体问题

层级政府教育事权与支出责任划分困难，而地方政府税收体系改革短期内不能一蹴而就。因此，完善政府间财政转移支付制度成为地方政府有效提供教育公共服务的必要保障。但从本书第二章的分析可以看到，不同类型的转移支付在解决地方教育事权与支出责任方面都存在一定困难。就具体的问题而言，从转移支付制度的设计方面可以作如下考虑。

一、地方政府财力不足，教育支出责任压力较大

财力的匹配是事权与支出责任相适应的制度落地的关键一步，没有匹配的财力，事权的划分和支出责任的合理界定都只能是"纸上谈兵"。然而地方教育事权与支出责任划分中存在的主要问题即财力与支出责任的不匹配。

层级政府间财力上移、事权和支出责任下沉，财力与支出责任不匹配已是不争的事实。1994年，分税制改革改变了中央和地方的财政收入格局，地方财政支出占比由1994年的69.7%上升到2015年的85.5%。可见，在目前中央政府收入和地方政府收入比重几乎持平的情况下，地方政府承担了绝大部

转移支付和地方政府义务教育
zhuanyizhifu he difangzhengfu yiwujiaoyu
touru yanjiu 投入研究

分支出责任，导致财力和支出责任不匹配。教育支出作为重点民生支出，在财政支出中一直是重中之重，在整体财力与支出责任不匹配的现状下，教育支出也很难"独善其身"。

解决这一问题就应该在中央和地方财力格局总体稳定的基础上，理顺中央和地方收入划分，建立合理的地方收入体系和规模，从制度上给予与地方事权相匹配的财权，增强地方财力。但短期内很难完成税收体系的重构，因此考虑从转移支付制度出发，解决地方财力相对不足的问题。

中央财政可以先硬性将一部分专项资金转变为一般性转移支付，变相增加地方政府财政能力，但必须先明确此项工作的操作准则：①保县乡、不保省市。在削减专项性转移支付的过程中，要明确区分专项资金的实际支配主体，如果是由省市一级政府支配的专项资金，则可优先将其转变为一般性转移支付，并采取以奖代补的方式进行调解。②保运转、不保建设。如果专项资金的实际作用涉及基层单位的正常运转，则需要采取循序渐进的方式进行调整，而各种基建类的专项项目则可优先考虑压缩。

二、转移支付流向与外来人口教育支出责任不一致

伴随国民经济的跨越式发展，大量欠发达地区居民涌向发达地区就业、生活，使得随迁人员子女义务教育问题逐渐显现。外来人员在发达地区就业、生活、纳税，并为当地的经济建设与社会发展作出了一定的贡献，其子女理应享受到由当地政府提供的基本公共服务。但"捉襟见肘"的地方财力，加之转移支付制度的不完善，使地方政府在解决外来人员子女教育时面临诸多困境。

面对外来人员子女教育事权与支出责任由流入地政府为主的现状，以弥补事权支出缺口为主要目的转移支付制度，在解决外来人员子女教育的问题时，制度设计的不完善性被放大，给人口流入地政府带来财政支出困境。转

移支付流向一般为经济相对不发达的地区，但人口则向经济较发达地流入，造成人口流向和转移支付流向不一致。具体到教育而言，以户籍人口为核算教育一般转移支付的计算办法，符合教育均衡化的初衷，但会导致人口流出地教育资源闲置，而流入地又因得不到应有补偿而资源紧张的矛盾，增加了流入地提高本地与外来人员子女教育均等化的难度。

而从转移支付制度设计出发，国家应当更多地考虑以常住人口而不是户籍人口作为教育转移支付的主要计算依据，切实提高流入地政府在教育领域的财政支出能力。一方面，实现全国统筹。可考虑扩大推行"教育券"制度，充分利用学籍管理系统中学生的户籍信息，作为财政转移支付计算依据，以开展教育经费的跨地区结算。流入地收到"教育券"后，统一向中央财政结算，增强与事权的匹配性，通过制度完善，为发达地区财政支出"降压力、提耐力、保效力"。另一方面，实现省内统筹。可采取新建校舍等静态投入的支出责任由地方市县（市、区）承担，而外来人员子女的生均公用经费支出等动态投入由中央和省级财政负担，以缓解地方支出压力，增强地方财力与事权的匹配性，保障外来人员子女接受良好教育的权利。另外，加大对人口流入地外来人员子女专项资金的转移支付力度，并拓宽专项资金投向，将学前教育涵盖其中，缓解人口流入地政府支出压力。

三、部分教育考核机制干涉地方事权，影响教育资金使用效益

理论上，归属于地方的事权，上级政府不应有过多的干预，但上级政府为抓教育事业发展，设计了诸多考核指标，均以各项考核名义相应干涉了地方教育事权，一定程度上束缚了地方自主性。考核指标不仅加剧了地方政府教育支出压力，还导致"筹钱难"和"花钱难"的矛盾并存。由于教育资源均等化程度不一，部分欠发达地区生源流向发达地区，导致欠发达地区生源及对教育的需求减少，但考核指标的硬性增长要求，致使欠发达地区由于财

转移支付和地方政府义务教育
zhuanyizhifu he difangzhengfu yiwujiaoyu
touru yanjiu 投入研究

力紧张，为达硬性指标要求"筹钱难"，同时存在"花钱难"，且校舍、器材超水平配置等浪费现象。

针对这一问题要清理、整合各项教育考核指标。对于阻碍教育资源使用绩效最主要的是各项考核指标，应尽快理清理、整合，对于符合教育发展方向且是在地方政府能承受范围内的，予以保留，超出地方政府承受范围的要加以梳理、整合甚至取消。针对多口径、多部门考核问题，建议将教育部门之外其他部门考核指标纳入地方政府统筹管理，减少由于各部门"各自为政"而干涉地方事权的现象。

同时，合并部分教育专项资金为专项性一般转移支付，改变专项资金的考核方式，建立以结果为导向的考核机制。考核指标是部分专项转移支付匹配教育事权与支出责任的重要环节，考核的目的是加大地方教育投入，提升地方整体教育水平。目前的考核指标主要集中在事前，不仅对地方事权造成了一定干涉，也降低了财政资金的使用效率。因此，建议建立以结果为导向的考核机制，将考核由事前转移到事后，给地方一定的自主权，减少对地方事权的干预。

这样做有利于在原则上确保既得利益存量，同时提升基层单位对资金支配的自主权。尽管基于既有的利益分配格局所制订的各项公共支出"保障标准"未必合理，但是基于以往的利益惯性来分配专项性一般转移支付，应当不会引起基层的矛盾和动荡。同时，加强基层单位在经费支出上的自主权，也将有利于地方政府探索各项公共支出的合理标准。

第四章　转移支付和地方政府义务教育投入的关系

第一节　转移支付的功能、形式和义务教育财政目标

一、财政转移支付的功能

前面文献探讨中已经将财政转移支付的主要功能概况为以下四个方面：调整政府间财政的纵向不均衡；调整政府间财政的横向不均衡；促进具有正外部性的地方性公共物品的供给；加强国家政治控制能力，实现宏观调控目标。这里就不再展开讨论。需要说明的是所谓加强国家政治控制能力，实现宏观调控目标是针对宏观总体的财政转移支付的功能。而只针对义务教育的财政转移支付其目标相对明确，这一功能也相对弱化，因此在后面的讨论中将主要集中在前三项功能的探讨上。

转移支付和地方政府义务教育
zhuanyizhifu he difangzhengfu yiwujiaoyu
touru yanjiu 投入研究

二、财政转移支付的形式

政府间财政转移支付分为一般性转移支付和专项转移支付两种。一般性转移支付也称为无条件转移支付，它是政府间转移支付的主体。无条件指它不要求被转移的地方政府提供资金配套，也不规定转移支付资金的使用途径。它的优势在于给予地方政府自主权，便于因地制宜使用，同时，也可降低转移支付的成本。专项转移支付也称有条件转移支付，条件包括要求下级政府提供资金配套，或是指定转移支付的用途，也可二者兼而有之。此种转移支付大多体现中央或上级政府的政策，带有行政干预色彩，对地方政府决策影响较大，地方政府使用自由度较小。

义务教育财政转移支付属于财政专项转移支付的一部分，主要体现中央和上层地方政府特定时期的特定义务教育政策和义务教育发展目标，在中国种类繁多，如两期全国贫困地区义务教育工程，当前开始实施的农村义务教育教师绩效工资项目等。当然，一般性的转移支付对地方政府财政能力有很大的影响，从而影响地方政府提供义务教育服务，所以讨论转移支付和义务教育的关系必须将一般性转移支付纳入进来。

三、义务教育财政的目标

根据教育财政学家C. S.本森的分析，对于义务教育财政制度安排的主要目标包括三个：一是能够为义务教育提供充足的教育经费，同时要保证义务教育经费能够随着经济的增长而增加，满足义务教育成本变化所带来的变化。二是保证能够公平地分配义务教育资源。这里的公平分配资源包括在地区之间，也包括在地区内部都能够享受水平相当的义务教育资源。三是能够确保义务教育公共经费的配置有效率。这里的教育资源配置效率包括外部效率与内部效率。外部效率是教育的外部产出（间接产出）与教育投入的关系，包括教育对社会经济的贡献率、教育的社会收益率和个人收益率等。内部效率是教育的内部产出（直接产出）与教育投入之比，如生均经费、生师比、单位投入的学业成绩、单位投入的教育增加值等（本森，2000）。因此，作为义务教育财政重要组成部分的转移支付，评价义务教育转移支付制度是否合理也需要看该项制度是否能为义务教育提供充足教育经费，能够公平分配义务教育公共资源，同时能够配置有效。

第二节　基于横向均衡的义务教育财政转移支付

一、我国义务教育财政横向不均衡的现状

财政的横向不均衡指的是同级政府之间在财政收入能力和支出水平上所存在的差异。教育财政投入横向不均衡则是由于区域间经济和财政发展水平的不平衡和区域间教育成本差异，导致地方政府辖区间教育财政能力和支出水平上不均衡，从而影响公共教育服务的均衡化。在我国地区之间由于经济社会发展水平的差异，造成地区之间在税源上存在较大差别。而由于财政体制上的不完善，对于财政横向均衡的忽视，可能进一步加大这种差异。最后，在地区之间由于财政支出成本也存在较大差异，落后地区在提供相同水平公共服务时所需承担的成本明显偏高，导致差异加大。

1994年，分税制改革后逐步形成了我国现行的转移支付制度。早期各地财政能力就有差距，但是转移支付制度实行后，为了维护各地政府的既得利益，转移支付主要以税收返还为基础，可以说是新旧财政体制的一种过渡方式，这样使得各地财政能力差距并没有缩小。直到我国进行公共财政体制改革时，转移支付中税收返还的比例才逐步减少，而具有财力均等作用的一般性转移支付所占比例得到了提升，各地财政能力上的差距也逐步缩小。

转移支付和地方政府义务教育
zhuanyizhifu he difangzhengfu yiwujiaoyu
touru yanjiu 投入研究

　　表4-1给出了分税制改革后1995年和2016年我国各省（直辖市、自治区）政府财政预算支出、财政预算收入以及财政自足的具体情况。这里的自足系数为本地财政预算收入比财政预算支出，衡量地方政府财政收入能够满足公共财政支出的能力。从表4-1中可以看出预算内各省的财政自足能力存在明显的差别。2016年预算财政自足排名靠前的北京、上海、广东等地可以明显看出这一系数比1995年增高，说明地方政府财政收入能力增强，逐步满足地方政府公共支出的需求。总体比较各省的自足能力，从1995年到2016年各省级政府之间的差异没有缩小，反而增大了，因此，可以看出在我国各地之间财政能力有着明显差别，而且近期没有缩小的趋势。

表4-1　1995年、2016年各地财政自足情况

1995年				2016年			
省（直辖市、自治区）	财政支出（亿元）	财政收入（亿元）	财政自足系数	省（直辖市、自治区）	财政支出（亿元）	财政收入（亿元）	财政自足系数
安徽	135.88	83.83	0.62	安徽	2672.79	1857.53	0.69
北京	154.40	115.26	0.75	北京	5081.26	4452.97	0.88
福建	171.58	117.37	0.68	福建	2654.83	1962.72	0.74
甘肃	81.39	33.92	0.42	甘肃	786.97	526.00	0.67
广东	525.63	382.34	0.73	广东	10390.35	8098.63	0.78
广西	140.59	79.44	0.57	广西	1556.27	1036.22	0.67
贵州	85.33	38.80	0.45	贵州	1561.34	1120.44	0.72
海南	42.39	28.53	0.67	海南	637.51	504.96	0.79
河北	191.18	119.95	0.63	河北	2849.87	1996.12	0.70
河南	207.28	124.63	0.60	河南	3153.47	2158.44	0.68
黑龙江	174.61	101.31	0.58	黑龙江	1148.41	827.85	0.72
湖北	162.43	99.69	0.61	湖北	3102.06	2122.93	0.68
湖南	173.94	108.16	0.62	湖南	2697.88	1551.33	0.58
吉林	120.90	63.28	0.52	吉林	1263.78	872.97	0.69
江苏	253.49	172.64	0.68	江苏	8121.23	6531.83	0.80

续表

1995年				2016年			
省（直辖市、自治区）	财政支出（亿元）	财政收入（亿元）	财政自足系数	省（直辖市、自治区）	财政支出（亿元）	财政收入（亿元）	财政自足系数
江西	110.34	64.13	0.58	江西	2151.47	1471.10	0.68
辽宁	273.83	184.37	0.67	辽宁	2200.49	1687.45	0.77
内蒙古	102.18	43.70	0.43	内蒙古	2016.43	1335.88	0.66
宁夏	23.00	8.98	0.39	宁夏	387.66	246.55	0.64
青海	28.80	8.60	0.30	青海	238.51	176.48	0.74
山东	275.87	179.00	0.65	山东	5860.18	4212.59	0.72
山西	112.89	72.21	0.64	山西	1557.00	1036.67	0.67
陕西	102.69	51.30	0.50	陕西	1833.99	1204.39	0.66
上海	260.00	219.56	0.84	上海	6406.13	5625.90	0.88
四川	277.72	167.07	0.60	四川	3388.85	2329.52	0.69
天津	93.33	61.90	0.66	天津	2723.50	1624.22	0.60
西藏	34.87	2.15	0.06	西藏	155.99	99.05	0.63
新疆	96.40	38.28	0.40	新疆	1298.95	869.18	0.67
云南	235.10	98.35	0.42	云南	1812.29	1173.52	0.65
浙江	180.29	116.82	0.65	浙江	5301.98	4540.09	0.86
重庆	—	—	—	重庆	2227.91	1438.45	0.65

数据来源：《中国统计年鉴（1996年）》《中国统计年鉴（2017年）》相关数据整理而得。

表4-2给出了我国各省（直辖市、自治区）预算内人均财政支出和人均财政收入的情况。从人均财政收入上可以看到各地相差明显，1995年人均财政收入最高的上海1566元，是人均财政收入最低的西藏91元的17.3倍。到2016年，人均财政收入最高的上海23248元是人均财政收入最低的甘肃2015元的11.5倍，虽然极差有所缩小，但是还是可以看出这一比例很高。而在人均财政支出方面我们同样可以看出各省之间的明显差距，说明各地投入在人均的公共支出区别较大，有待缩小。

转移支付和地方政府义务教育
zhuanyizhifu he difangzhengfu yiwujiaoyu
touru yanjiu 投入研究

表4-2 1995年、2016年各地人均财政情况　　　　（单位：元）

1995年			2016年		
省（直辖市、自治区）	人均财政支出	人均财政收入	省（直辖市、自治区）	人均财政支出	人均财政收入
安徽	229	141	安徽	4314	2998
北京	1245	929	北京	23384	20492
福建	536	367	福建	6853	5066
甘肃	338	141	甘肃	3015	2015
广东	775	564	广东	9447	7363
广西	313	177	广西	3217	2142
贵州	246	112	贵州	4392	3152
海南	594	400	海南	6952	5507
河北	300	188	河北	3815	2672
河南	230	139	河南	3308	2264
黑龙江	477	277	黑龙江	3023	2179
湖北	285	175	湖北	5271	3607
湖南	275	171	湖南	3955	2274
吉林	471	247	吉林	4624	3194
江苏	362	247	江苏	10153	8166
江西	275	160	江西	4685	3204
辽宁	676	455	辽宁	5026	3854
内蒙古	452	193	内蒙古	8002	5301
宁夏	456	178	宁夏	5743	3653
青海	606	181	青海	4022	2976
山东	320	208	山东	5891	4235
山西	371	237	山西	4229	2816
陕西	296	148	陕西	4810	3159
上海	1854	1566	上海	26472	23248
四川	248	149	四川	4102	2819
天津	1000	663	天津	17436	10398
西藏	1472	91	西藏	4713	2992

续表

1995年			2016年		
省（直辖市、自治区）	人均财政支出	人均财政收入	省（直辖市、自治区）	人均财政支出	人均财政收入
新疆	588	233	新疆	5417	3625
云南	597	250	云南	3799	2460
浙江	422	273	浙江	9485	8122
重庆	——	——	重庆	7309	4719

数据来源：根据《中国统计年鉴（1996年）》《中国统计年鉴（2017年）》相关数据计算而得。

表4-3给出了各省在义务教育财政投入的情况。评价义务教育财政的投入，这里选取预算内小学、初中的生均教育经费作为相应指标。从小学的情况来看，生均预算内教育经费支出各地相差明显，1996年，生均预算内教育经费支出最高的上海1554元，是生均预算内教育经费支出最低的河南170元的9.14倍，到2015年生均预算内教育经费支出最高的上海20782元，是生均预算内教育经费支出最低的河南4621元的4.50倍，整体来看相对差距有所缩小，但绝对差距还是很大。而从初中的情况来看，1996年生均预算内教育经费支出最高的上海2007元，是生均预算内教育经费支出最低的贵州357元的5.62倍，到2015年生均预算内教育经费支出最高的上海27914元，是生均预算内教育经费支出最低的河南7467元的3.74倍，整体来看差距仍然很大。

表4-3　1996年、2015年各地小学、初中生均预算内教育经费支出情况（单位：元）

1996年			2015年		
地区	小学	初中	地区	小学	初中
全国	310.14	568.53	全国	8928.28	12341.01
北京	1008.69	1852.77	北京	24383.3	42204.04
天津	738.62	1240.85	天津	18128.16	28441.84
河北	191.02	414.78	河北	6768.90	9678.62
山西	306.44	505.42	山西	9315.00	11578.75

转移支付和地方政府义务教育
zhuanyizhifu he difangzhengfu yiwujiaoyu
touru yanjiu 投入研究

续表

1996年			2015年		
地区	小学	初中	地区	小学	初中
内蒙古	427.55	589.58	内蒙古	12238.04	14957.24
辽宁	415.61	676.35	辽宁	9150.50	12720.26
吉林	412.55	653.95	吉林	12166.83	15906.64
黑龙江	394.55	581.29	黑龙江	12997.90	14508.82
上海	1554.42	2006.68	上海	20781.66	27914.60
江苏	415.26	643.04	江苏	11995.17	19088.59
浙江	450.33	572.91	浙江	11655.1	16710.74
安徽	231.60	370.74	安徽	7805.66	11237.96
福建	393.19	644.28	福建	9216.51	13427.63
江西	246.46	381.42	江西	7533.40	9947.09
山东	237.42	482.18	山东	8136.32	13421.41
河南	170.47	390.18	河南	4620.63	7467.69
湖北	175.32	462.24	湖北	8791.96	14440.74
湖南	242.73	474.22	湖南	7195.97	10655.53
广东	454.58	771.62	广东	8909.20	11834.76
广西	232.02	363.18	广西	7152.37	8937.68
海南	379.85	722.38	海南	10513.50	13303.87
四川	280.39	505.47	重庆	8581.49	11220.37
贵州	182.17	356.60	四川	9113.12	11700.08
云南	452.84	864.00	贵州	8716.63	8867.19
西藏	748.20	3659.81	云南	7669.02	9652.76
陕西	195.41	471.32	西藏	26367.36	25661.40
甘肃	255.99	466.75	陕西	11033.47	13875.60
青海	484.76	854.77	甘肃	9374.65	10600.72
宁夏	348.77	538.79	青海	12442.98	16131.87
新疆	516.40	915.46	宁夏	8182.05	11370.01
			新疆	13043.65	17546.81

数据来源：根据《中国教育经济统计年鉴（1996年）》《中国教育经费统计年鉴（2016年）》相关数据整理而得。

通过上述分析，我们看到我国省级政府之间财政收入能力和支出水平存在较大差异，自足能力各不相同，而且在教育财政投入方面以及义务教育财政方面差异同时存在。这种差异主要源自地方在经济社会发展水平的差异，通过财政转移支付可以实现对这一差异的缩小。

二、解决义务教育财政横向不均衡的方法

地方政府之间存在着财政收入和支出严重失衡，而且这种不均衡在教育财政和义务教育财政领域也非常突出。这种横向不均衡的原因主要来自于地方经济社会发展水平的差异，可以通过中央政府向地方政府进行转移支付来缩小。一般性转移支付可以直接用来平衡地方政府在财政能力上的差距，而专项的转移支付则可弥补地方政府在提供某一公共服务上的不足。实践中，如果这种横向的财政不均衡没有通过转移支付得到弥补，那么财政能力较弱的地方政府就很难和财政能力较强的地方政府提供相一致的公共服务。

上级政府对下级政府的一般性转移支付是平衡地方政府间财力不均衡的主要手段。这里提到的一般性转移支付是不包括税收返还和原体制补助、结算补助的。税收返还、体制补助和结算补助是1994年实行分税制改革后在不调整各省既得利益的前提下进行的，具有一定的过渡性，这些转移支付基本上不能改变省级政府间财力不均衡的情况。除去税收返还、体制补助和结算补助外，财力性转移支付中的一般性转移支付按照均等化原则，根据因素法计算各地财政能力和标准的财政支出求得的，从而起到平衡地方财力不均衡的作用。

中央政府对于地方政府的一般性转移支付实际属于无条件的补助，没有特殊的限制。从图4-1可以看出一般性转移支付使得地方政府的财政预算线上移，起到了收入效应。这一转移支付没有改变地方原来的财政支出结构，按原比例分配到地方义务教育和其他公共服务上，使得义务教育支出的水平从原来的E_0上升到E_1，而其他的各项公共服务支出也得到相应增加。

转移支付和地方政府义务教育
zhuanyizhifu he difangzhengfu yiwujiaoyu
touru yanjiu 投入研究

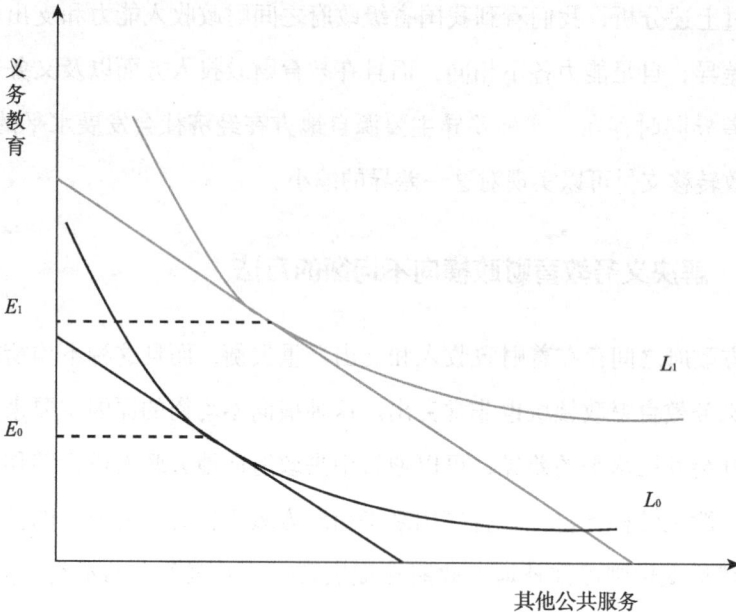

图4-1 一般性转移支付的效果图

相对于弥补地方财政能力上差异的一般性转移支付，专项转移支付可以针对某项特定的公共服务进行补助，从而缩小财力落后地区同其他地区的差距，解决地方政府在提供公共服务水平上的横向不均衡。例如在义务教育方面，我国长期以来实施的义务教育补助专款、国家贫困地区义务教育工程款、农村寄宿制学校改造经费、农村中小学教师工资转移支付等专项转移支付，都对缩小地方义务教育服务差异起到了相应的作用。

但是，从转移支付功能的严格定义来看，这一类转移支付的设计并不是从弥补横向不均衡出发的。简单的解释可以这样看，这些专项转移支付不是"抽肥补瘦"，为了达到义务教育服务绝对的均等化，从富裕地区向贫困地区的一种财力转移，而是中央政府对财力落后地区提供义务教育基本服务的一种财力保障。这种财力保障目标更多是基于"保底"，即使义务教育服务达到相应的标准。从功能上理解，这类专项转移支付起到的作用更多是在调节的中央和地方政府在提供某项公共服务上的财力不均衡，是基于纵向不均衡实施的。

第三节　基于纵向均衡的义务教育财政转移支付

一、我国义务教育财政纵向不均衡的现状

财政的纵向不均衡指的是上下级政府之间在财政收入能力和支出责任上所存在的差异。在我国，中央政府和地方政府之间财权集中和事权下放成为财政分权下的矛盾状态，这种状态存在是由社会政治体制和经济体制决定的。考虑到全国市场统一以及补偿国际贸易的税收，在市场经济深化的过程中促使财权不可避免地集中。然而由于为向居民提供更好的公共服务，事权也逐步下放到地方政府。

我国在1994年实行分税制改革后，在中央政府和地方政府之间将税收收入进行了重新划分，使得中央政府在整体财政收入中所占的比例明显提高。1993年中央财政占财政收入的比例仅有22.0%，而到1994年改革后中央财政收入的比例提高到55.7%，随后的比例也都维持在50%以上。但是，在中央政府财政能力增强的同时，相应的财政支出没有作出变化，公共事务的责任也没有改变，地方政府反而加大职责。在我国现行的财政体系中，上下级政府之间的职责范围比较模糊，很多公共服务的职能在不同层级政府间划分也存在不合理的现象。另外，上级政府通过对下级政府的考核机制，更多地将本级政府职责范围内的公共服务划分到下级政府，从而造成"上级请客、下级买单"的现象。

表4-4给出了1995—2016年中央政府和地方政府财政收入、财政支出的变化，同时给出了中央和地方政府的财政自足系数的情况。从表4-4中反映的情况可以看出，地方财政自足系数逐渐下降，表明地方政府的财政支出相

转移支付和地方政府义务教育
zhuanyizhifu he difangzhengfu yiwujiaoyu
touru yanjiu 投入研究

对于本级政府的财政收入来说增多，到2016年地方政府的财政自足系数只达到0.54，而中央政府的自足系数高达2.64。

表4-4 1995—2016年中央、地方政府财政自足情况

年份	中央政府			地方政府		
	财政收入（亿元）	财政支出（亿元）	财政自足系数	财政收入（亿元）	财政支出（亿元）	财政自足系数
1995	3256.62	1995.39	1.63	2985.58	4828.33	0.62
1996	3661.07	2151.27	1.70	3746.92	5786.28	0.65
1997	4226.92	2532.50	1.67	4424.22	6701.06	0.66
1998	4892.00	3125.60	1.57	4983.95	7672.58	0.65
1999	5849.21	4152.33	1.41	5594.87	9035.34	0.62
2000	6989.17	5519.85	1.27	6406.06	10366.65	0.62
2001	8582.74	5768.02	1.49	7803.30	13134.56	0.59
2002	10388.64	6771.70	1.53	8515.00	15281.45	0.56
2003	11865.27	7420.10	1.60	9849.98	17229.85	0.57
2004	14503.10	7894.08	1.84	11893.37	20592.81	0.58
2005	16548.53	8775.97	1.89	15100.76	25154.31	0.60
2006	20456.62	9991.40	2.05	18303.58	30431.33	0.60
2007	27749.16	11442.06	2.43	23572.62	38339.29	0.61
2008	32680.56	13344.17	2.45	28649.79	49248.49	0.58
2009	35915.71	15255.79	2.35	32602.59	61044.14	0.53
2010	42488.47	15989.73	2.66	40613.04	73884.43	0.55
2011	51327.32	16514.11	3.11	52547.11	92733.68	0.57
2012	56175.23	18764.63	2.99	61078.29	107188.3	0.57
2013	60198.48	20471.76	2.94	69011.16	119740.3	0.58
2014	64493.45	22570.07	2.86	75876.58	129215.5	0.59
2015	69267.19	25542.15	2.71	83002.04	150335.6	0.55
2016	72365.62	27403.85	2.64	87239.35	160351.4	0.54

数据来源：根据《中国统计年鉴（2017年）》相关数据整理而得。

表4-5给出了我国2000—2015年中央政府和地方政府财政支出的关系，特别是在教科文卫方面的财政支出以及教育事业的投入方面的比较。从表4-4中可以分析得到中央政府在财政收入快速增长的同时，财政支出责任并没有地方政府增长迅速。而从这里具体的教科文卫方面的财政支出和教育事业费支出来看，2000年地方的教科文卫的财政支出为2450亿元，是中央教科文卫支出285亿元的8.60倍，到2015年地方的教科文卫的财政支出为42971亿元，已达到中央教科文卫支出4193亿元的10.25倍；2000年地方的教育事业的财政支出为1624亿元，是中央教育事业费140亿元的11.60倍，而到2015年地方的教育事业的财政支出24913亿元已达到中央教科文卫支出1358亿元的18.35倍。从数据中可以看到，中央在教科文卫特别是教育事业方面的财政支出相对于地方政府而言，不仅没有增大，反而缩小了不少。

表4-5　2000—2015年中央、地方政府主要财政项目支出情况　（单位：亿元）

年份	中央			地方		
	财政支出合计	文教、科学、卫生事业费	教育事业费	财政支出合计	文教、科学、卫生事业费	教育事业费
2000	5519.85	285.97	140.5	10366.65	2450.91	1624.1
2001	5768.02	360.1	172.41	13134.56	3000.93	2035.72
2002	6771.7	447.49	210.25	15281.45	3531.59	2434.73
2003	7420.1	507.94	240.2	17229.85	3997.57	2697.14
2004	7894.08	520.56	219.64	20592.81	4623.09	3146.3
2005	8775.97	587.67	244.85	25154.31	5516.51	3729.98
2006	9991.4	719.07	295.23	30431.33	6706.91	4485.18
2007	11442.06	1481.28	395.26	38339.29	10312.68	6727.06
2008	13344.17	1756.37	491.63	49248.49	13235.83	8518.58
2009	15255.79	2219.69	567.62	61044.14	16349.63	9869.92
2010	15989.73	2605.95	720.96	73884.43	19541.13	11829.06
2011	16514.11	3201.23	999.05	92733.68	25446.99	15498.28

转移支付和地方政府义务教育
zhuanyizhifu he difangzhengfu yiwujiaoyu
touru yanjiu　投入研究

续表

年份	中央			地方		
	财政支出合计	文教、科学、卫生事业费	教育事业费	财政支出合计	文教、科学、卫生事业费	教育事业费
2012	18764.63	3579.74	1101.46	107188.34	31628.45	20140.64
2013	20471.78	3756.79	1106.65	119740.34	34153.56	20895.11
2014	22570.07	4003.53	1253.62	129215.49	37220.92	21788.09
2015	25542.15	4193.06	1358.17	150335.62	42971.21	24913.71

数据来源：根据历年《地方财政统计资料》和《中国财政年鉴》相关数据整理而得。

二、解决义务教育财政纵向不均衡的办法

面对我国中央政府和地方政府财力和事权的不对称，想要扭转地方政府财力不能满足地方公共服务的需求的局面，可以通过财政转移支付来解决。一般性转移支付可以加大地方政府本级财政能力，从而提供各类公共服务。但是，针对特定的公共服务，例如义务教育服务，一般性转移支付并不能改变地方政府财政支出的结构，突出解决义务教育服务不足的问题。因此，就地方政府某一项公共服务相对于自有财力不足的情况，专项转移支付可以增加地方政府在该项公共服务投入的能力，改变公共服务的水平。

仅从改变地方政府在义务教育服务财政能力来看，非配套专项义务教育转移支付相当于上级政府直接拨付的教育经费，必定会提升义务教育服务的水平。但是，由于上级政府在义务教育上的拨款，可能会减少地方政府本级财政的投入，致使专项的转移支付存在挤出效应。从图4-2中可以看出，伴随上级政府的非配套的专项转移支付，地方政府用于义务教育的财政支出并不能达到E_2这个位置，实现等数额地增加。地方政府为维持原有的财政支出结构，将公共服务的水平提升到L_3所示范围，而义务教育方面的支出仅能提升到E_3这一位置，而E_2、E_3则被认为是因挤出效应而减少的义务教育投入。总体来看，非配套的义务教育专项转移支付可以弥补地方政府因为财力有限

而在义务教育服务投入的不足，但也可能会影响地方本级政府投入义务教育的意愿，把本应投入义务教育的经费挪为他用。

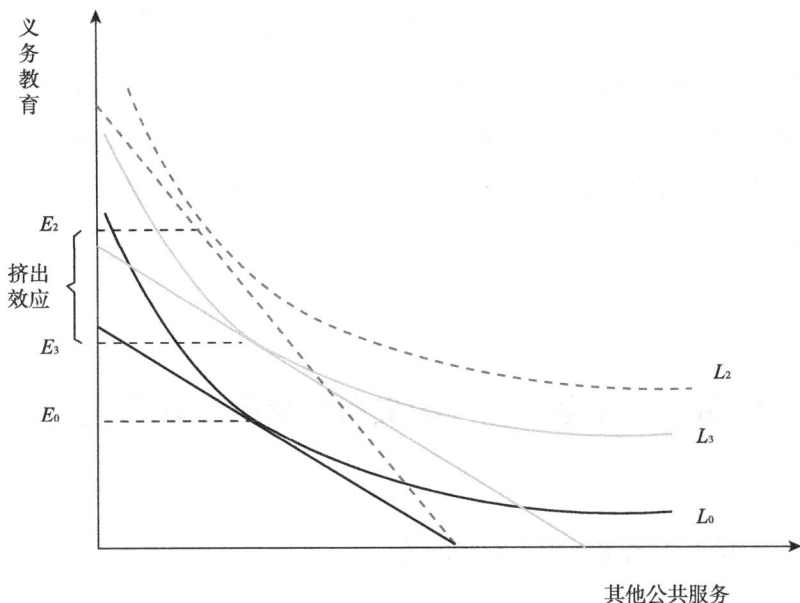

图4-2 非配套专项支付的效果图

相比于一般性转移支付，专项转移支付在解决中央政府和地方政府在提供义务教育服务上财力纵向不均衡的作用更为明显。一般性转移支付虽然可以弥补地方财力，扭转中央和地方在财力分配上的不均，但由于现阶段在转移支付总额中比例还相对较小，所起的作用有限。而专项转移支付针对地方在公共服务提供上的财力缺口，可以更好地弥补地方财政能力的不足。但是，专项转移支付分配并不是按公式拨款，操作也不规范，从上述分析还可以看出，非配套的专项转移支付在理论上存在挪用的可能。因此，必须加强对专项转移支付使用的监督，提高其使用效率。

近年来，中央政府对地方政府义务教育的专项转移支付逐年增多，仅

转移支付和地方政府义务教育
zhuanyizhifu he difangzhengfu yiwujiaoyu
touru yanjiu 投入研究

2007至2009年"新机制"实施过程中中央投入的资金就高达350亿元，农村义务教育阶段寄宿制学校建设资金就高达100亿元。但是，伴随专项转移支付额度的增长，支付方式却没有太大变化，依旧采用审批操作。在专款支付过程中首先是中央部门之间的讨价还价，其次是上下级政府间的博弈，人为操作的空间很大。因此，对于补助的获得更多地取决于地方政府、教育部门和学校的公关能力，而不是科学地按照需求分配。在专款使用过程中，由于非配套资金的硬性要求明显较弱，从而使补助专款更多地变成了地方自有财力。相比较而言配套性的专项转移支付会减少地方政府的"挤出效应"，保障对义务教育的应有投入。

第四节　补偿外溢性的义务教育财政转移支付

一、义务教育服务外溢性的分析

地方政府公共服务的外溢是提供公共服务需要考虑的一个因素。不同公共服务所产生的外溢程度有所不同，以义务教育为例，由于人口迁移导致地方政府义务教育财政支出的收益范围不局限于辖区之内，因此，地方政府不会对提供义务教育服务抱有积极的态度。从这个角度出发考虑到地方政府自己的利益，产生公共服务外溢的地方政府就会减少该服务的提供，造成公共服务的供给不足。在我国的地方政府之间实际上是一种竞争关系，旨在解决外溢性的合作很难得到实现，所以为解决地方政府公共服务外溢性导致的激励不足，中央政府应通过专项、配套性财政转移支付来保障和激励地方政府实现在更充分水平上的公共服务供给。

假设不同地方政府的效用函数均为$u_i(p_i, e_i)$，p_i为i地区无外溢性的公共物品投入资金量；e_i为i地区义务教育财政投入的资金量；n个地方政府义务教育财政投入总的资金量为 $E = \sum_{i=1}^{n} e_i$。效用函数为拟凹、二阶可导的函数，$u' > 0$，$u'' < 0$。M_i 为第 i 个地区的总财政预算收入。地方的最优化问题是给定其他地方选择的情况下，选择自己的最优策略 (p_i, e_i)，以最大化自己的效用函数：

$$\underset{p_i, e_i}{\text{Max}}\, u_i(\, p_i, e_i) \quad \text{s.t.} \quad p_i + e_i = M_i \quad (\,i = 1, 2, \cdots, n\,) \tag{4-1}$$

建立拉格朗日函数：

$$L_i = u_i(\, p_i, e_i) + \lambda (\, p_i + e_i - M_i) \tag{4-2}$$

优化问题的一阶条件为：

$$\frac{\partial u_i}{\partial p_i} + \lambda = 0, \quad \frac{\partial u_i}{\partial e_i} + \lambda = 0 \tag{4-3}$$

可解得：

$$\left. \frac{\partial u_i / \partial E}{\partial u_i / \partial p_i} \right|_{E^*} = 1 \quad (\, i = 1, 2, \cdots, n\,) \tag{4-4}$$

式（4-4）说明，在假定其他地区的选择给定的情况下，每个地方政府选择投入有外溢性的公共物品就如同对无外溢性的公共物品的投入一样，只考虑本地区的利益，并不考虑本地区对其他地区的外溢效应。n 个均衡条件决定了对有外溢性的公共物品的自愿供给的纳什均衡：

$$e^* = (e_1^*, \cdots, e_i^*, \cdots, e_n^*), \quad E^* = \sum_{i=1}^{n} e_i^* \tag{4-5}$$

如果由中央政府来协调每个地区在每种财政支出项目上的资金分配数额，假设社会福利函数为：$W = r_1 u_1 + r_2 u_2 + \cdots + r_i u_i + \cdots + r_n u_n\ (r_i \geqslant 0)$，总的预算约束为：

$$\sum_{i=1}^{n} M_i = \sum_{i=1}^{n} p_i + E \tag{4-6}$$

优化问题的一阶条件：

转移支付和地方政府义务教育
zhuanyizhifu he difangzhengfu yiwujiaoyu
touru yanjiu 投入研究

$$r_i \frac{\partial u_i}{\partial p_i} - \lambda = 0, \quad \sum_{i=1}^{n} r_i \frac{\partial u_i}{\partial e_i} - \lambda = 0 \quad (i = 1, 2, \cdots, n) \qquad (4-7)$$

可解得：

$$\sum_{i=1}^{n} \frac{\partial u_i / \partial E}{\partial u_i / \partial p_i} \bigg|_{E^{**}} = 1 \quad (i = 1, 2, \cdots, n) \qquad (4-8)$$

这是存在公共物品情况下的帕累托最优的萨缪尔森条件。帕累托最优要求所有地区外溢性公共物品资金投入与各种非外溢性公共物品资金投入的边际替代率之和等于1。帕累托均衡条件可以重新写成：

$$\frac{\partial u_i / \partial E}{\partial u_i / \partial p_j} \bigg|_{E^{**}} = 1 - \sum_{i \neq j}^{n} \frac{\partial u_i / \partial E}{\partial u_i / \partial p_i} \bigg|_{E^{**}} \qquad (4-9)$$

可以看出，$E^{**} > E^{*}$，帕累托最优的义务教育财政支出数额比纳什均衡下的教育财政支出总额要高。也就是说，由于对其他地区正的外溢未能纳入地方义务教育提供者的决策之中，导致具有正的外溢性的义务教育财政支出出现供给不足。

通过上述分析，可以知道在有中央政府统筹管理各地方政府财政收入的前提下，根据社会福利函数来确定各地方政府所需的财政支出份额，然后通过配套性专项转移支付分配给地方政府，达到政府财政资金配置的帕累托最优。这里中央政府所起到的作用，是按照义务教育外溢性的程度来对地方政府进行补贴，使得地方政府在义务教育投入上的边际收益与边际社会收益相等，从而改变地方政府在义务教育投入上的激励强度。

二、解决义务教育服务外溢性的方法

为解决地方政府间义务教育服务的外溢性，可采用配套的专项转移支付进行补助。一般性转移支付无法改变地方政府的财政支出结构，地方政府在每种公共产品提供上的激励结构与转移支付之前相同，最终义务教育财政支出的总量仍低于社会最优数量；非配套专项转移支付具有挤出效应，最终的结果虽然可能增加地方的义务教育财政支出，但这种增加也是源于地方预算增加的收入效应，而非替代效应，财政支出结构很难改变，最终义务教育财政支出的总量仍将低于社会最优数量。配套性专项义务教育转移支付既可以保证在原地方本级义务教育财政支出不减少的情况下，上级政府拨付的义务教育财政转移支付资金能全部用于义务教育领域，有效地消除因财政外溢而导致的地方义务教育财政投入激励不足的问题。

从图4-3中可以看出，伴随上级政府配套性的专项转移支付，地方政府总用于义务教育的财政支出增加，公共服务的水平提升到虚线所示范围，而义务教育方面的支出仅能提升到E_2这一位置。总体来看，配套性的义务教育专项转移支付可以激励地方政府因排除外溢性而导致的义务教育服务投入的不足。

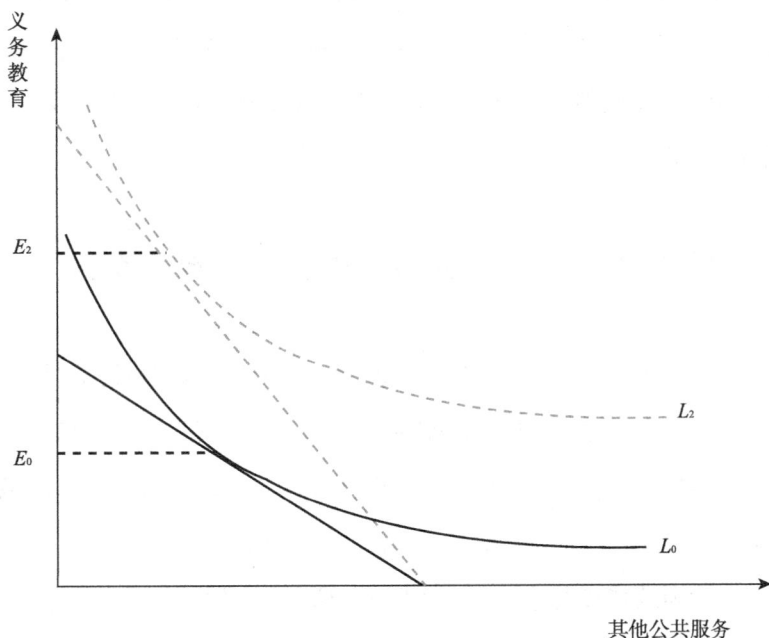

图4-3　配套性专项支付的效果图

转移支付和地方政府义务教育
zhuanyizhifu he difangzhengfu yiwujiaoyu
touru yanjiu　投入研究

配套性专项转移支付在实践操作中可以分为有限额配套专项转移支付和无限额配套专项转移支付。所谓有限额配套专项转移支付，实际上是中央政府在对地方政府进行一项补助时，制定补助的最高限额，中央政府在这个限额以下按规定比例对地方进行补助，一旦超过这个限额，中央政府将不再增加补助。无限额配套专项转移支付，即中央政府在对地方政府进行补助时，不设置补助的最高限额，地方政府在某项目上每投入一定经费，中央政府就按相应比例补助该项目，不论地方政府支出多少，中央政府将按此规定给予补助，没有上限。相比于有限额配套专项转移支付，无限额配套专项转移支付更能激励地方政府在义务教育上的投入。

我国现阶段对义务教育实施"新机制"的配套资金实际上就是按有限额配套转移支付进行分配的，不同省份根据自身和县级政府的财力，制定了不同的比例来匹配中央"两免一补"等补助，保障地方基本实现免费义务教育。这种补助方式不仅弥补了地方在基本保障义务教育服务水平的财力缺口，从一定程度上还激励了地方政府在义务教育投入上的努力程度，提高了义务教育服务水平。

第五节　义务教育财政转移支付模式探讨

在以往义务教育财政转移支付的讨论中，较少将转移支付的不同功能独立出来，但并不表明实施义务教育财政转移支付是没有目标的。前面三节从财政转移支付功能的角度出发，讨论了转移支付如何缩小义务教育横向不均衡、弥补义务教育纵向不均衡以及补偿义务教育的外溢性，以上三个方面也成为我们设计义务教育财政转移支付制度的出发点。综合前文的分析，这里将义务教育财政转移支付的功能、方式、对应的教育财政目标和实际的研究问题做一个总结，作为研究义务教育财政转移支付模式的框架，具体情况如表4-6所示。

表4-6　义务教育财政转移支付研究框架

财政转移支付功能	财政转移支付方式	义务教育财政目标
缩小义务教育横向失衡	一般性转移支付	公平
弥补义务教育纵向失衡	非配套专项转移支付	效率
补偿义务教育的外溢性	配套性专项转移支付	充足

从缩小地方义务教育投入的差异出发，实践中有两种做法。一种是通过一般性转移支付弥补地方之间的财力差距，从而使得地方政府能够在相同财力基础上提供义务教育服务，这种做法更多是基于公平的义务教育财政目标。另一种做法则是通过专项的转移支付来保障地方提供义务教育服务的最低标准，这样做则是基于充足的义务教育财政目标。从宏观上来看，通过一般性转移支付弥补地方财力上的差距是缩小地区间公共服务水平差异的基础，只有提高了贫困地区的财政能力，才可能保障包括义务教育服务在内的公共服务均等化。而根据义务教育财政充足目标，设定义务教育服务的最低标准，使用专项转移支付补助，既可以让贫困地区享受到基本的义务教育服务，又不影响富裕地区投入义务教育的积极性，提供更好的义务教育服务。

弥补中央和地方政府之间义务教育财政能力的纵向失衡，也可以通过一般性转移支付和专项转移支付来实现。相比于根据公式科学测算的一般性转移支付更关注于地方财政能力之间的横向差异，专项转移支付则更注重地方政府在提供某一项公共服务上财政能力的缺乏。从这个角度来说，专项转移支付更能体现转移支付弥补纵向失衡的功能。另一方面，从我国实际来看，一些县级政府由于财力薄弱，本级财政收入甚至小于义务教育的财政支出，对于相应配套性专项转移支付根本无能力接受。因此，非配套的专项转移支付更能体现其弥补中央政府和地方政府在职责与财力上的不对等。由于补助的非配套性可能会导致地方政府的"挤出效应"，出于义务教育财政的效率

转移支付和地方政府义务教育
zhuanyizhifu he difangzhengfu yiwujiaoyu
touru yanjiu 投入研究

目标，有必要关注这一部分补助的使用效率，并检验其是否存在漏损。

义务教育服务的外溢性可能会直接影响地方政府投入义务教育的意愿。由于缺乏对地方政府投入的激励，一般性转移支付和非配套的专项转移支付虽然能够弥补义务教育外溢导致地方政府财政投入的损失，但不能像配套性专项转移支付一样避免地方政府在义务教育投入的"挤出效应"。从义务教育财政公平的目标出发，中央政府可以根据外溢性的大小对地方财政进行补偿，减少由于外溢性造成的激励扭曲，保障地方政府提供基本的义务教育服务。而从义务教育财政充足的目标出发，配套性的义务教育专项转移支付能够激励地方政府按照自身财政能力更好地投入义务教育，提供更好的义务教育服务。出于义务教育效率的目标，则需要判断不同的转移支付在提高地方政府投入义务教育努力程度上的效果。

第五章　转移支付和地方政府义务教育投入差异

第一节　转移支付和地方政府义务教育投入差异的
相关研究

转移支付的主要功能之一就是弥补地方财力间的横向不均衡，从而使地方政府间能够提供水平一致的公共服务。对于义务教育而言，我国长期以来由于社会经济发展的原因，城乡二元结构、地区差异造成义务教育在不同地区间存在很大的发展差异。早期对于地方义务教育发展差异的研究主要集中在对我国义务教育失衡的描述，王善迈等（1998）采用聚类和判别分析的方法，通过对1988—1994年的数据分析，发现我国地区间教育发展不平衡与经济发展不平衡是一致的。吴德刚（1999）使用1997年的数据，选择小学入学率、小学毕业生升学率、义务教育辍学率、每万人中的在校学生数和校舍情况等指标，研究了地区间教育发展不平衡问题。张长征等（2006）根据最近3次人口普查的数据，参照人口的自然死亡率、生育率和各级教育的招生情

转移支付和地方政府义务教育
zhuanyizhifu he difangzhengfu yiwujiaoyu
touru yanjiu 投入研究

况，估算了中国1978—2004年的教育基尼系数，发现我国的教育平等程度较改革开放初期已有显著提高。这些研究大都直观反映我国义务教育发展的差异状况，但由于数据获取方面的原因，部分研究所选取的统计指标并不完全一致。另外，近年来更多学者认为省域内的差异是造成全国差异的主要原因，因此，有必要基于义务教育的承担主体——县级政府来衡量差异的大小。而且，基于省级统筹的考虑，搞清省级政府内各县之间义务教育服务的差异水平，也便于中央和省级政府更好地促进义务教育均衡发展。

针对义务教育发展存在的差异，大多教育研究者提出加大转移支付，弥补落后地区发展义务教育经费上的缺陷。但是，针对具体如何加大转移支付，以及转移支付如何缩小地方义务教育发展差异均没有详细的论述。经济、财政研究领域关于转移支付和地区经济收敛、财力均等化的研究，更多偏向于对地区经济发展水平和财政能力差异的解释。曾军平（2000）比较了1994—1997年转移支付前、转移支付后省际人均财政收入和支出的基尼系数和变异系数，发现转移支付后的不均等指标上升了，据此认为转移支付缺乏均等化效应。马栓友等（2004）使用1995—2000年的省级数据研究发现，分税制改革后转移支付总体上没有达到缩小地区差距的效果。曹俊文等（2006）比较了1996—2003年各省份之间财政收入、财政支出的变异系数，也认为转移支付在均等省份之间财力差距起到了一定的均衡作用。江新昶（2007）在马栓友研究的基础上，使用1996—2004年的省级面板数据进一步验证转移支付对地区经济发展的发散作用，同时发现专项转移支付、税收返还的发散效应大于财力性转移支付的收敛效应。钟正生等（2008）使用1994—2004年的数据也进一步验证了以上的一些观点。这些研究的基本思路都是比较转移支付前、后的财力不平等指标的变化，这种方法存在内在的缺陷。而且以上研究大都是从省级数据层面进行研究，没有基于公共服务主体——县级政府进行分析，也是有待完善的地方。尹恒等（2007）运用1993—2003年全国2000多个县级地区的财政数据，借鉴收入分配中不平等分解的方法，重新度量转移支付对县级政府财力的影响。研究发现专项补助和税收返还具有较强的非均等性，而一般性转移支付的均等化效应未实现。尹恒等（2009）使用2000—2005年的县级数据发现，2003年以后转移支付的均等化效应有所改善，其使用也逐渐转向公共服务均等化方面。宗晓华（2013）基于1999—2009年省级面板数据，研究发现转移支付对于缩小义务教育经费的城乡差距具有显著作用。成刚等（2015）基于北京市2003—2013年小学数据，研究发现转移支付能够有效促进城乡教育均衡。

就以往的研究来看，缺乏对转移支付和义务教育服务均等化的量化研究。借鉴经济、财政领域已有的研究框架，合理评价义务教育差异，并描述转移支付对义务教育服务水平差异的贡献，是科学设计义务教育财政转移支付制度的基础。另外，基于义务教育负担主体——县级政府的研究，对进一步检验以往研究结论也有重要意义。

本章将利用县级数据，首先评价省一级政府义务教育投入的差异水平，然后在差异的基础上研究不同转移支付对差异的影响，从而判断转移支付在缩小地方政府义务教育投入差异的作用。

第二节　研究设计

一、变量的选取

对于教育差异的衡量有多种方式，从起点机会、受教育过程到最终教育效果都存在较大的差异，这里仅从投入角度以教育经费衡量地方政府提供教育服务的差异情况。以县级单位为研究对象，在测量差异时将各县级单位的学生数因素考虑进来，可以在一定程度上实现关注对象为学生的目的。参照以往研究经常使用的指标，选取生均预算内教育经费作为研究的目标变量，

转移支付和地方政府义务教育
zhuanyizhifu he difangzhengfu yiwujiaoyu
touru yanjiu 投入研究

用来评价政府财政拨款用于教育的部分。对经费差异的测量有不同的方法。在测量横向差异中经常使用的方法有极差率、变异系数、相对平均离差、麦克劳伦（Mcloone）指数、基尼（Gini）系数、GE指数、阿特金森（Atkinson）指数等。这些方法有着不同的含义，分别表示了差异的不同方面，也各有优缺点。在本部分内容中，我们采用的测量差异的方法是文献中常用的基尼（Gini）系数，基尼系数越大，说明差异越大；反之，则越小。有关基尼系数的具体计算过程在许多文献中已有介绍（万广华，2006），要说明的一点是在计算县际教育经费支出差异时，需要用学生数进行加权，体现了公平是以每名学生可获得的教育资源的差异来衡量的。

转移支付由税收返还、财力性转移支付和专项转移支付构成。税收返还是分税制改革后为维系地方利益而保留下来的一种转移支付，实际上并没有起到平衡地方财力的作用。财力性转移支付包括一般性转移支付和其他转移支付，是为了促进各地方政府提供基本公共服务能力的均等化而拨付的财政补助。其中一般性转移支付是按照均等化原则，根据因素法计算各地财政能力和标准的财政支出求得的。其他转移支付则包括民族地区转移支付、调整工资转移支付、农村税费改革转移支付、缓解县乡财政困难转移支付、农村义务教育补助、其他补助等。由于其他转移支付在2002—2007年变化较大，研究不能保持延续，这里仅讨论总体的财力性转移支付和按均等化公式设计的一般性转移支付。专项转移支付则是为服务于中央宏观政策目标所设计，这里面包括农业、教育、卫生、社会保障等项目的支出，支出的方案并不规范，存在一定的随意性。

对于转移支付变量的选择，可以将变量分为两个维度。一是转移支付的相对量，即不同转移支付占总额的比例，实际上讨论的是转移支付结构对地方公共服务差异的影响。二是转移支付的绝对量，这里讨论的是不同转移支付对于地方公共服务差异的影响。但是，由于我们研究的问题主要针对义务教育投入，而占转移支付较大比例的税收返还、专项转移支付、财力性转移支付不可能直接作用于义务教育。因此，对于此类转移支付更倾向于用结构来讨论，而对于财力性转移支付中的中小学教师工资补助、农村义务教育补助可以直接作用于义务教育，则可讨论转移支付额度对地方义务教育差异的影响。

其他解释变量和控制变量的选择。参考以往研究，这里选取省级政府的人均GDP来控制经济发展水平；用省级政府财政支出占中央财政支出的比例构成的财政分权度来衡量财政分权情况；用省级政府本级财政收入比财政支出构成的财政自给度来衡量地方财政状况；用教育支出占财政支出的比例来衡量地方政府义务投入的努力程度；用义务教育阶段学生数占人口比例、义务教育阶段教师数占总人口比例来衡量提供义务教育服务的需求；用城市人口占总人口比例来衡量各地城市化程度；用财政供养人口占总人口比例来衡量挤占义务教育公共服务的状况。

二、模型和数据来源

根据以上变量的讨论和假设，选取如式（5-1）所示的回归模型：

$$G_{it} = \alpha + \beta T_{it} + \gamma X_{it} + \varepsilon_{it} \tag{5-1}$$

数据来源于2002—2007年全国地市县财政统计资料、全国分县市人口统计资料、县级教育经费统计资料的相关数据。[1]模型中i和t分别代表第i个省份和第t年份的观测值。其中，G_{it}是中国31个省份（不包括台湾、香港特别行政区、澳门特别行政区）基于省内县级政府测算的小学、初中生均预算内经费的基尼系数，生均预算内教育经费、学生数均来源于县级教育经费统计资料。T_{it}是各省不同转移支付占转移支付总额的比例，以及相关转移支付额度。税收返还、财力性转移支付、专项转移支付、一般性转移支付、中小学教师工资补助、农村义务教育补助以及转移支付总额均来源于全国地市县财

---

❶ 2002—2007年中国财政经济出版社出版的《全国地市县财政统计资料》；2002—2007年群众出版社出版的《中华人民共和国全国分县市人口统计资料》。

转移支付和地方政府义务教育
zhuanyizhifu he difangzhengfu yiwujiaoyu
touru yanjiu **投入研究**

政统计资料中各省的数据。X_{it}是前面讨论的其他解释变量和控制变量，人均GDP、财政自给度、财政分权度、教育支出占财政支出比例、义务教育阶段学生数占人口比例、义务教育阶段教师数占总人口比例、城市人口占总人口比例、财政供养人口比例，分别由省级单位的GDP、总人口数、地方财政支出、地方财政收入、教育财政支出、小学在校学生数、小学教师数、初中在校学生数、初中教师数、城市人口比例、财政供养人口求得。小学在校学生数、小学教师数、初中在校学生数、初中教师数来源于县级教育经费统计资料；地方人口总数、城市人口比例来源于全国分县市人口统计资料；其他数据均来源于全国地市县财政统计资料。

第三节　我国地方政府义务教育投入差异的现状

使用基尼系数评价全国义务教育省际差异的研究已很多。本书利用2002—2007县级的教育经费数据，对全国小学、初中生均预算内教育经费省级差异做一评价，这样可以更合理地看到地方内部的义务教育发展差异状况。表5-1、表5-2给出了2002—2007年全国各省（市）小学、初中生均预算内教育经费的基尼系数，从表中可以看到各省的差异情况。

表5-1　2002—2007年全国各省（市）小学预算内生均教育经费的县级差异（基尼系数）

区域	2002年	2003年	2004年	2005年	2006年	2007年
全国	0.3055	0.3144	0.3196	0.3199	0.3071	0.2901
北京	0.1004	0.0868	0.1132	0.1236	0.1001	0.1186
天津	0.2140	0.2058	0.1928	0.1694	0.1734	0.1540
河北	0.1910	0.1762	0.1818	0.1850	0.1740	0.1586
山西	0.1585	0.1461	0.1414	0.1531	0.1374	0.1507
内蒙古	0.1594	0.1566	0.1574	0.1641	0.1694	0.1803
辽宁	0.2428	0.2368	0.2154	0.2459	0.2595	0.2328

续表

区域	2002年	2003年	2004年	2005年	2006年	2007年
吉林	0.1646	0.1548	0.1736	0.1813	0.1812	0.1763
黑龙江	0.1581	0.1602	0.1486	0.1606	0.1544	0.1332
上海	0.1346	0.1646	0.1341	0.1328	0.1271	0.1458
江苏	0.2684	0.3021	0.3025	0.2623	0.2520	0.2035
浙江	0.1524	0.1571	0.1509	0.1453	0.1252	0.1266
安徽	0.1763	0.1999	0.1988	0.1838	0.1743	0.1855
福建	0.2232	0.2183	0.2273	0.2353	0.1977	0.1879
江西	0.1148	0.1328	0.1311	0.1385	0.1377	0.1168
山东	0.2961	0.2862	0.2754	0.2820	0.2837	0.2250
河南	0.1933	0.2007	0.2018	0.1759	0.1813	0.1786
湖北	0.2629	0.2403	0.2126	0.2206	0.2385	0.1975
湖南	0.1537	0.1563	0.1720	0.1901	0.1827	0.1797
广东	0.3405	0.3544	0.3740	0.3888	0.3929	0.3499
广西	0.2397	0.2245	0.2339	0.2374	0.2275	0.2246
海南	0.1794	0.1880	0.1729	0.1195	0.1353	0.1429
重庆	0.1756	0.1559	0.1616	0.1715	0.1698	0.1498
四川	0.2226	0.2230	0.2369	0.2352	0.1966	0.1924
贵州	0.1921	0.1725	0.1778	0.1943	0.1938	0.1884
云南	0.1950	0.1778	0.1971	0.1872	0.1698	0.1663
西藏	0.2073	0.1878	0.2519	0.1812	0.1648	0.1347
陕西	0.1699	0.1607	0.1556	0.1640	0.1686	0.1735
甘肃	0.2033	0.1939	0.2158	0.2150	0.1666	0.1852
青海	0.1668	0.1414	0.1588	0.1643	0.1700	0.1456
宁夏	0.2123	0.1451	0.1451	0.1577	0.1255	0.1590
新疆	0.2434	0.2728	0.2635	0.2725	0.2470	0.2547

转移支付和地方政府义务教育
zhuanyizhifu he difangzhengfu yiwujiaoyu
touru yanjiu 投入研究

表5-2 2002—2007年全国各省初中预算内生均教育经费的县级差异（基尼系数）

区域	2002年	2003年	2004年	2005年	2006年	2007年
全国	0.3160	0.3429	0.3431	0.3476	0.3307	0.3019
北京	0.1734	0.1522	0.1582	0.1375	0.1309	0.1394
天津	0.2487	0.3117	0.2932	0.2596	0.2636	0.2380
河北	0.2050	0.2145	0.2334	0.2420	0.2475	0.1951
山西	0.1730	0.1796	0.1688	0.1677	0.1648	0.1620
内蒙古	0.1737	0.1773	0.1589	0.1864	0.1697	0.1767
辽宁	0.2366	0.2300	0.2422	0.2565	0.2756	0.2369
吉林	0.2095	0.2093	0.2000	0.2208	0.2323	0.2073
黑龙江	0.2689	0.2359	0.2503	0.2312	0.2618	0.2117
上海	0.1248	0.1441	0.1448	0.1283	0.1025	0.1067
江苏	0.2754	0.3333	0.3474	0.3298	0.3151	0.2651
浙江	0.1529	0.1884	0.1690	0.1587	0.1483	0.1615
安徽	0.2082	0.2366	0.2340	0.2194	0.2043	0.1845
福建	0.2489	0.2483	0.2416	0.2576	0.2246	0.2272
江西	0.1391	0.1368	0.1284	0.1269	0.1349	0.1120
山东	0.2817	0.2946	0.2910	0.3189	0.3163	0.2520
河南	0.2039	0.2246	0.2081	0.2121	0.2102	0.1859
湖北	0.2007	0.2027	0.2019	0.2176	0.2552	0.1837
湖南	0.1394	0.1556	0.1617	0.1730	0.1837	0.1707
广东	0.4237	0.4528	0.4202	0.4294	0.4143	0.3903
广西	0.1917	0.1932	0.2018	0.2253	0.1920	0.1883
海南	0.1566	0.1837	0.1981	0.1529	0.1633	0.1901
重庆	0.1774	0.1921	0.2301	0.2289	0.1518	0.1495
四川	0.2270	0.2386	0.2363	0.2322	0.1944	0.1816
贵州	0.2211	0.2080	0.2162	0.2172	0.1922	0.1814
云南	0.1933	0.1991	0.1727	0.2122	0.1820	0.1648
西藏	0.2247	0.3522	0.4328	0.3852	0.3198	0.3537

续表

区域	2002年	2003年	2004年	2005年	2006年	2007年
陕西	0.1701	0.1707	0.1976	0.2100	0.1811	0.1681
甘肃	0.2111	0.2150	0.2245	0.2291	0.2070	0.1909
青海	0.2409	0.2052	0.1630	0.2005	0.1955	0.1212
宁夏	0.1526	0.1385	0.1407	0.1329	0.0952	0.1725
新疆	0.1996	0.2450	0.2707	0.2702	0.2346	0.2388

1.2005年之后全国小学与初中生均预算内教育经费的县际差异逐渐缩小

从图5-1可知，全国小学与初中的预算内生均教育经费差异在2005年达到最高值之后呈现了缩小趋势，其中初中生均预算内教育经费变化的幅度更大。在生均经预算内教育经费的具体差异上，全国分县小学的基尼系数由2002年的0.3055上升到2005年的0.3199，然后下降到2007年的0.2901；初中由2002年的0.3160上升到2005年的0.3476，然后下降到2007年的0.3019。

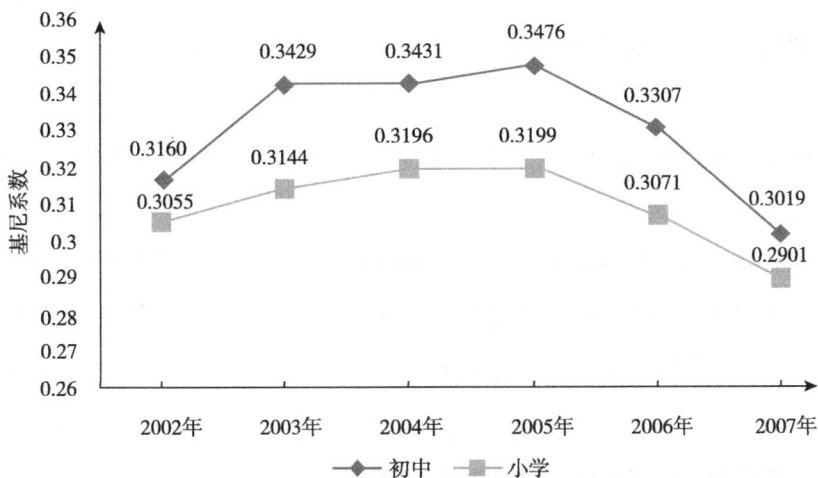

图5-1　全国小学、初中生均预算内教育经费县级差异情况（基尼系数）

转移支付和地方政府义务教育
zhuanyizhifu he difangzhengfu yiwujiaoyu
touru yanjiu　**投 入 研 究**

2. 各省的差异总体趋势同全国，但差异高低有别

北京、上海、浙江等发达省（市）县级间差异较小，多年都在全国差异排名中居于靠后的位置，大多数省份和全国趋势一致，总体呈现下降趋势，而且有的省份在2006年之后差异出现明显下降。以湖北省为例，县级间小学生均预算内教育经费从2006年的0.2385下降为2007年的0.1975，初中则由2006年的0.2552下降到2007年的0.1837。但是各省之间的基尼系数高低有别，2002年小学生均预算内教育经费差异最大的广东省基尼系数达到0.3405，是差异最小的北京市0.1004的3.4倍。初中生均预算内教育经费差异最大的广东省基尼系数达到0.4237，是差异最小的上海市0.1248的3.4倍。到2007年小学生均预算内教育经费差异最大的广东省基尼系数达到0.3499，是差异最小的江西省0.1168的3.0倍，初中生均预算内教育经费差异最大的广东省基尼系数达到0.3903，是差异最小的上海市0.1067的3.7倍。总体来看，北京、上海等整体富裕地区省市内差异较小，但像广东地区常年来省内义务教育的发展差异很大。

3. 小学与初中相比较，生均预算内教育经费的县际差异呈现缩小趋势

小学和初中相比较，2007年前的多数年份，初中生均预算内教育经费差异都要大于小学，而到2007年，初中教育经费差异较大幅度的下降使得两者之间的差异已经比较接近。

4. 义务教育生均预算内教育经费的差异随时间变化趋势在一定程度上反映了义务教育财政改革的效果

从各省（市）生均预算内教育经费差异的时间变化趋势来看，不论小学还是初中，生均经费的基尼系数在2005年之前各年份并没有明显的变化，而2005—2007年下降的趋势才比较明显，这恰好对应了2006年在西部地区、2007年在东中部地区开始实施的"新机制"的进程，上述特征在一定程度上反映了近些年我国义务教育财政改革的效果。

第四节　转移支付对地方政府义务教育投入差异的影响

一、基本模型结果

基本模型的回归结果如表5-3~表5-5所示。

从表5-3可以看到，不同转移支付对各省小学生均预算内教育经费基尼系数的影响。首先选取财政自给度、财政分权度和人均GDP对各省的经济状况和财政状况进行控制。前4个模型中，税收返还、财力性转移支付对地方小学生均预算内教育经费差异的影响并不明显，而专项转移支付以及一般性转移支付对差异的影响显著为负，说明在转移支付结构中这两项转移支付比例越大，地方小学生均预算内教育经费的基尼系数越小，差异也就越小。模型（5）在控制财力性转移支付的比例情况下，可以看到专项转移支付更加显著地表现出对差异的影响。之所以控制财力性转移支付的比例，是因为转移支付主要由税收返还、财力性转移支付和专项转移支付三项构成，税收返还可以看作地方自有财力，剩下两项控制其一就可以明显看出另一项的影响。从实际的情况来看，财力性转移支付构成比较多，包括一般性转移支付等，主要是为了弥补地方财力上的差距。但是，这种转移支付相比于专项转移支付可能在缩小地方教育差异上功能更间接，效果不明显。

表5-3　转移支付对地方政府义务教育投入差异影响的模型回归结果一

解释变量	模型（1）	模型（2）	模型（3）	模型（4）	模型（5）
	FE	FE	FE	FE	FE
税收返还占转移支付总额比例	0.0426*	—	—	—	—
	(1.78)	—	—	—	—

转移支付和地方政府义务教育
zhuanyizhifu he difangzhengfu yiwujiaoyu
touru yanjiu 投入研究

续表

解释变量	模型（1）	模型（2）	模型（3）	模型（4）	模型（5）
	FE	FE	FE	FE	FE
财力性转移支付占转移支付总额比例	—	0.00838	—	—	−0.0344*
	—	(0.70)	—	—	(−1.92)
专项转移支付占转移支付总额比例	—	—	−0.0569**	—	−0.107***
	—	—	(−2.55)	—	(−3.13)
一般性转移支付占转移支付总额比例	—	—	—	−0.0667**	—
	—	—	—	(−1.99)	—
财政自给度	−0.0992**	−0.0858**	−0.0930**	−0.0899**	−0.103***
	(−2.43)	(−2.14)	(−2.36)	(−2.26)	(−2.61)
财政分权度	−0.885	−0.970	−0.653	−0.850	−0.446
	(−1.47)	(−1.60)	(−1.07)	(−1.41)	(−0.73)
人均GDP	−0.000000278	−0.000000461**	−0.000000271	−0.000000322	2.39e−09❶
	(−0.99)	(−2.09)	(−1.23)	(−1.46)	(0.01)
F value	4.68	3.40	5.04	4.35	4.84
R^2 within	0.1109	0.0827	0.1177	0.1033	0.1389
obs	185	186	186	186	186

注：被解释变量为各省小学生均预算内教育经费的基尼系数。经过 Hausman 检验，各模型均拒绝随机效应模型。括号里的值为 t 值。*、**、***分别表示在10%、5%和1%的水平上显著。

从表5-4可以看到，不同转移支付对各省初中生均预算内教育经费基尼系数的影响。同样选取财政自给度、财政分权度和人均GDP对各省的经济状况与财政状况进行控制。税收返还、财力性转移支付、专项转移支付和一般性转移支付均对地方初中生均预算内教育经费差异的影响不显著。模型（5）在控制财力性转移支付后，专项转移支付在转移支付结构中的比例呈现

❶ 2.39e−09 表示 2.39×10^{-9}，全书数据类同。

对差异的影响显著为负，这种负相关性跟前面分析小学的情况一致。模型（6）在剥离西藏后的样本回归中可以看到专项转移支付对于地方义务教育的差异也存在显著的负效应。

表5-4 转移支付对地方政府义务教育投入差异影响的模型回归结果二

解释变量	模型（1）RE	模型（2）RE	模型（3）RE	模型（4）RE	模型（5）RE	模型（6）RE
税收返还占转移支付总额比例	0.0533*	—	—	—	—	—
	(1.71)	—	—	—	—	—
财力性转移支付占转移支付总额比例	—	−0.00566	—	—	−0.0427*	—
	—	(−0.36)	—	—	(−1.89)	—
专项转移支付占转移支付总额比例	—	—	−0.0378	—	−0.0949**	−0.0488**
	—	—	(−1.30)	—	(−2.27)	(−1.95)
一般性转移支付占转移支付总额比例	—	—	—	−0.00515	—	—
	—	—	—	(−0.12)	—	—
财政自给度	−0.0749	−0.0481	−0.0564	−0.0467	−0.0849*	−0.0352
	(−1.60)	(−1.10)	(−1.27)	(−1.06)	(−1.83)	(−0.91)
财政分权度	1.412***	1.445***	1.484***	1.456***	1.390***	1.689***
	(3.33)	(3.39)	(3.46)	(3.41)	(3.26)	(4.66)
人均GDP	−0.000000138	−0.000000435	−0.000000359	−0.000000449	−4.72e−08	−0.000000416*
	(−0.38)	(−1.49)	(−1.23)	(−1.54)	(−0.14)	(−1.65)
F value	18.04	15.49	16.69	15.06	20.65	30.37
R^2 within	0.0515	0.0377	0.0484	0.0377	0.0678	0.0816
obs	185	186	186	186	186	180

注：被解释变量为各省初中生均预算内教育经费的基尼系数。经过Hausman检验，各模型均拒绝固定效应模型，选择随机效应模型。括号里的值为t值。*、**、***分别表示在10%、5%和1%的水平上显著。模型（6）是删除西藏后样本的结果。

转移支付和地方政府义务教育
zhuanyizhifu he difangzhengfu yiwujiaoyu
touru yanjiu　**投入研究**

对于专项转移支付相比于财力性转移支付更能缩小地方义务教育差异的解释。尹恒（2007）研究认为用于缩小地方财力差距的财力性转移支付并不能起到财力均等化的作用。同时，地方财力差距缩小并不能代表义务教育差异就能缩小。而2000年税费改革以后，专项转移支付更多偏向于农村和中西部地区。另外，像国家贫困地区义务教育工程款、中小学危房改造工程款、中西部校舍改造工程款、家庭及困难学生资助等中央的补助款都是包含在专项转移支付中的。因此，相比于财力性转移支付、一般性转移支付，专项转移支付更能缩小省内县级政府间义务教育的差异。

表5-5给出了财力性转移支付中跟义务教育相关的两项转移支付——中小学教师工资补助和农村义务教育补助对地方义务教育差异的影响。需要说明的是2006年后中小学教师工资补助的数据从地市县财政统计资料中取消，总共只有2002—2006年5年的数据。而农村义务教育补助则是从2006年开始发放，只有2006年、2007年两年的数据。从分析的结果来看，教师工资补助对于地方义务教育的影响并不显著，模型（1）和模型（4）中甚至连对差异影响的符号都不一致。对于教师工资补助的解释这里认为该补助是从属于农村税费改革补助项目下的，补助的发放跟地方义务教育经费拨款存在脱离，因此，并不能直接影响到义务教育经费的差异。而农村义务教育补助是"新机制"实施后设立的财力性转移支付，该补助直接针对中西部落后地区，因此，对于缩小地方义务教育差异作用明显。

表5-5　转移支付对地方政府义务教育投入差异影响的模型回归结果三

解释变量	模型（1）	模型（2）	模型（3）	模型（4）	模型（5）	模型（6）
	小学生均预算内教育经费的基尼系数			初中生均预算内教育经费的基尼系数		
	FE	FE	FE	RE	FE	FE
教师工资补助占转移支付的比例	0.249	—	—	−0.262	—	—
	(0.62)	—	—	(−0.48)	—	—

续表

解释变量	模型（1）	模型（2）	模型（3）	模型（4）	模型（5）	模型（6）
	小学生均预算内教育经费的基尼系数			初中生均预算内教育经费的基尼系数		
	FE	FE	FE	RE	FE	FE
义务教育补助占转移支付的比例	—	-1.310***	—	—	-2.196***	—
	—	(-3.45)	—	—	(-4.12)	—
义务教育补助额	—	—	-0.000000215***	—	—	-0.000000346***
	—	—	(-4.23)	—	—	(-4.86)
财政自给度	-0.0814	-0.370*	-0.409**	-0.0810*	-0.636**	-0.684**
	(-1.81)	(-1.84)	(-2.17)	(-1.65)	(-2.24)	(-2.58)
财政分权度	-0.965	-4.029	-3.516	1.672***	-6.191	-5.181
	(-1.42)	(-1.22)	(-1.16)	(3.76)	(-1.33)	(-1.21)
人均GDP	-0.000000179	0.000000371	0.000000492	0.0000001220	0.000000387	0.000000572
	(-0.61)	(1.11)	(1.56)	(0.30)	(0.83)	(1.29)
F value	1.89	3.16	4.69	15.56	4.84	6.23
R^2 within	0.0592	0.3192	0.4102	0.0323	0.1389	0.4799
obs	155	62	62	155	62	62

注：经过Hausman检验，模型（4）拒绝固定效应模型，选择随机效应模型，其余模型均选择固定效应模型。括号里的值为t值。*、**、***分别表示在10%、5%和1%的水平上显著。

二、进一步讨论

引入其他控制变量后分别来看不同转移支付对于地方义务教育生均预算内经费差异的影响，具体模型回归结果见表5-6。

1.经济发展水平和财政模式对义务教育差异的影响

从表5-3~表5-5以及表5-6中的各个模型可以看出，人均GDP这一指标对于地方义务教育差异的影响并不显著，从生均预算内教育经费来解释，就是各省经济发展水平对省内县级政府义务教育投入上的差异影响不大。如第三节分析地方义务教育差异情况的数据也能看到，经济发达的广东省义务教育差

转移支付和地方政府义务教育
zhuanyizhifu he difangzhengfu yiwujiaoyu
touru yanjiu 投入研究

异一直以来较大，经济欠发达的江西省反而地方义务教育差异不大。当然，不能以此判断江西省义务教育发展的水平就一定比广东省好，因为公平只是评价教育财政的一个维度，低水平的均等也绝不是义务教育发展所需要的。

从表5-1~表5-5的分析来看，财政自给度在一些模型中表现出对地方义务教育的差异影响的一致性，而且有些模型中这一指标影响显著为负。财政自给度高的省份，接受转移支付在财力中的比例较少，因而所受约束较低，从而能够从省内问题出发，更好地解决省内义务教育投入差异问题。财政分权度这一指标则很难看到对地方义务教育差异存在任何影响。

2.教育支出水平对义务教育差异的影响

表5-6中6个模型显示教育支出占财政支出对地方义务教育差异的影响显著为负。对于该指标有两种解读，第一种是财政支出中教育支出所占的比例反映一个地方政府的财政支出结构，表现为地方财政偏好。因此，可以理解为省级政府对于教育支出偏好越强则更易缩小省内义务教育投入的差异。第二种则表现为地方政府对于教育投入上的努力程度，在模型（3）、模型（6）中，控制了省级政府的经济、财政、人口等因素后，该比例越高，说明地方政府对于教育投入上的努力程度越高。而对于地方义务教育差异，理解为地方义务教育投入的努力程度越高越能缩小地方义务教育差异。

表5-6 转移支付对地方政府义务教育投入差异影响的模型回归结果四

解释变量	模型（1）	模型（2）	模型（3）	模型（4）	模型（5）	模型（6）
	小学生均预算内教育经费的基尼系数			初中生均预算内教育经费的基尼系数		
	FE	RE	FE	FE	FE	FE
专项转移支付所占比例	−0.111***	−0.107***	−0.0625	−0.0924**	−0.103**	−0.110**
	(−4.08)	(−3.90)	(−1.59)	(−2.50)	(−2.41)	(−1.99)
财力性转移支付所占比例	−0.0389***	−0.0386***	−0.0170	−0.0504**	−0.0555**	−0.0568*
	(−2.62)	(−2.62)	(−0.82)	(−2.50)	(−2.44)	(−1.95)

续表

解释变量	模型（1）	模型（2）	模型（3）	模型（4）	模型（5）	模型（6）
	小学生均预算内教育经费的基尼系数			初中生均预算内教育经费的基尼系数		
	FE	RE	FE	FE	FE	FE
财政自给度	−0.100***	−0.0500	−0.119***	−0.0705	−0.0728	−0.0419
	(−2.71)	(−1.56)	(−3.14)	(−1.40)	(−1.44)	(−0.79)
财政分权度	——	——	−1.064*	——	——	0.754
			(−1.75)			(0.89)
人均GDP	——	——	0.000000305	——	——	0.000000100
			(1.17)			(0.27)
教育支出占财政支出的比例	−0.210**	−0.237**	−0.372***	−0.445***	−0.437***	−0.386***
	(−2.15)	(−2.49)	(−3.57)	(−3.36)	(−3.27)	(−2.65)
学生数占人口的比例	——	——	0.516*	——	——	−0.493
			(1.72)			(−1.18)
教师数占人口的比例	——	——	−12.54**	——	——	6.678
			(−2.04)			(0.78)
城市人口比例	——	−0.0880**	−0.194***	——	0.0417	0.0355
		(−2.02)	(−2.75)		(0.48)	(0.36)
财政供养人口比例	——	——	0.145*	——	——	−4.795**
			(0.10)			(−2.40)
F value	7.26	7.34	5.01	5.02	4.04	3.03
R^2 within	0.1614	0.1627	0.2569	0.1174	0.1188	0.1728
obs	186	186	186	186	186	186

注：经过 Hausman 检验，模型（2）拒绝固定效应模型，选择随机效应模型，其余模型均选择固定效应模型。括号里的值为 t 值。*、**、***分别表示在10%、5%和1%的水平上显著。

3. 其他因素对义务教育差异的影响

用义务教育阶段学生数占人口比例、义务教育阶段教师数占总人口比例来衡量义务教育的需求。表5-6中的模型（3）、模型（6）给出了相关结果，另外受篇幅所限没有单独列出其他有关这两项的影响。从实证的结果来看，

转移支付和地方政府义务教育
zhuanyizhifu he difangzhengfu yiwujiaoyu
touru yanjiu　投入研究

义务教育阶段学生数占人口比例和义务教育阶段教师数占人口比例所代表的教育需求对地方义务教育差异影响并不显著。而由城市人口比例代表的城市化率、财政供养人口比例代表的挤占财政资源因素都在模型中表现对地方义务教育差异的影响不显著。

第五节　结论

本章利用2002—2007年的县级教育经费数据测算出分省的义务教育预算内生均经费差异情况，然后使用省级面板数据分析了不同转移支付对预算内生均经费差异的影响。

（1）税收返还、平衡地方财力的财力性转移支付、按因素法设定的一般性转移支付对于地方义务教育投入差异的缩小并没有显著效应。而在转移支付中比例逐渐增大的专项转移支付对地方义务教育投入差异存在明显的负效应。

（2）财力性转移支付中针对义务教育的两项补助中小学教师工资补助对地方义务教育投入差异缩小无作用，而2006年以后拨付的农村义务教育补助能够明显改善省内义务教育投入差异的状况。

（3）经济发展水平、财政分权度、教育需求、城市人口比例、财政供养人口比例可能会影响省级政府义务教育投入的水平，但不影响省内义务教育投入水平差异。而财政自给度、教育支出占财政比例能显著缩小省内义务教育差异。

综上，在地方政府财政自给度和努力程度相同的基础上，针对义务教育的专项转移支付更能缩小地方政府义务教育投入差异。

第六章　转移支付和地方政府义务教育投入水平

第一节　转移支付和地方政府义务教育投入水平的
相关研究

转移支付可以弥补中央和地方政府之间义务教育财政能力的纵向失衡，相比于财力性转移支付和根据因素法测算的一般性转移支付，更关注于地方财政能力之间的横向差异；专项转移支付则更注重地方政府在提供某一项公共服务上财政能力的缺乏。从这个角度来说，专项转移支付应该更能提高义务教育服务效果。但是，现阶段我国实行的专项转移支付主要是反映中央宏观政策需求，调节地方发展的一种转移支付，而且长期以来专项转移支付内部的结构并不清楚。因此，就专项转移支付是否能够促进地方义务教育的发展需要用实证数据进行检验。另外，财力性转移支付中的中小学教师工资补助和2006年开始实施的农村义务教育补助，从其使用性质上来说更接近于中央针对地方义务教育实施的配套性专项转移支付，这些转移支付究竟给地方

转移支付和地方政府义务教育
zhuanyizhifu he difangzhengfu yiwujiaoyu
touru yanjiu 投入研究

义务教育的发展带来多大助益也需要用数据进行检验。

如何评价义务教育服务效果本身就是一个研究问题。一般来看教育财政领域主要衡量经费支出的投入情况、经费配置和运作情况、经费使用的规范性以及经费使用的效率和效益（马培祥，2005）。常用的指标包括教职工比、生师比、统考合格率等，这些指标主要是从微观角度衡量学校提供教育服务的效果。而像学校规模（在校生人数）、生均经费、生均固定资产等，这些指标则可以衡量当地政府提供义务教育效果。伏润民等（2008）在对县（市）一般转移支付绩效评价中将公共教育服务的产出核定为学生、师资和硬件三类，具体指标有入学率、教师学历达标率、专任教师比、生师比、生均校舍面积、生均藏书和危房率。对于研究指标的选择有时还需要考虑可得性，合适的评价转移支付效果的指标往往并不能获得，因此就需要选取一些转换后的指标来衡量。

而关于教育服务效果的实证研究大多集中在省一级层面，郑磊（2009）使用1997—2005年的省级面板数据，考察了财政分权对地方政府教育服务提供效率的影响。在控制经济发展水平、城市化程度、人口人力资本存量、教育投入水平等因素后，发现分权对以初中毕业生的升学率为代表的教育服务提供效率具有显著的负效应。这种负效应在中部地区表现最为明显，西部地区次之，而政府治理能力的提高则有助于提高教育服务的提供效率。而基于县级政府讨论转移支付和地方义务教育服务效果的实证研究较少。另外，除了对教育效果的影响研究外，在经济、财政研究领域，很多研究讨论了转移支付和地方经济增长、地方财政供养人口等类似问题。江新昶（2007）使用1996—2004年的省级面板数据对不同类型的转移支付推动经济增长进行讨论，发现财力性转移支付推动经济增长的效率明显高于转移支付总体和税收返还，如果专项转移支付和税收返还以财力性转移支付的形式分配，将提高地方经济增长速度。袁飞等（2008）使用1994—2003年县级面板数据讨论转移支付和财政供养人口的关系，研究发现相比于提供有效公共服务，转移支付更可能用来供养财政人口。同时，他们的研究也表明不管是专项转移支付，还是一般性转移支付，在现行政府管理体制下都很难促进公共服务的有效提供。这些问题的研究为我们讨论转移支付和地方义务教育服务效果提供了参考。另外，还有一些研究不仅关注不同转移支付对微观义务教育服务效果的影响，还需关注转移支付宏观使用的效率。汪冲（2007）对1998—2001年中央政府对地方教育专项转移支付研究发现，专项转移支付存在漏损的情况，并没有完全用于指定项目上。伏润民（2008）的研究则发现一般性转移支付可能被挪用和挤占，上级政府实现公共服务均等化的政策意图难以达到预期效果。周飞舟（2012）研究发现专项转移支付会产生意外后果，基层政府会通过改变其预算支出结构的方式，在一定程度上抵消上级部门的意图。成刚等（2011）基于1994—2001年江西省县级数据，研究发现省以下财政收入分权和支出分权不利于县级基础教育的投入。

从已有的研究来看，衡量义务教育服务效果大多基于省级政府层面，问题也多集中在讨论省级政府如何使用转移支付上，而针对提供义务教育服务主体的县级政府的研究较少。本章将借鉴经济、财政领域已有的研究框架讨论转移支付的效率问题，利用县级数据衡量不同转移支付对于义务教育服务效果的影响。

第二节　研究设计

一、变量选取

对于县级政府义务教育的服务效果的评价实际上有两个维度：一种是直接评价教育效果，另一种则是从财政投入上衡量效果。直接评价义务教育阶段的教育效果一般采用的主要指标为升学率，但是现阶段我国已基本普及义

转移支付和地方政府义务教育
zhuanyizhifu he difangzhengfu yiwujiaoyu
touru yanjiu 投 入 研 究

务教育，小学升学率已没有参考价值，而初中升入高中的升学率也不足以反映义务教育服务的效果。其他更为全面的指标，包括完成率、巩固率、辍学率等，但这些指标从县级层面来看，获取都存在困难。另外，根据标准化考试分数来衡量教育效果是颇为认可的一种方式，但现阶段全国也没有统一的标准化考试，从而无法获得这一指标。从教育投入上来评价义务教育的效果，实际是建立在投入越大收益越多的假设前提下，这种指标更多关注财政宏观投入上的影响，而将教育过程视为等效率的。就本书研究的问题而言，主要讨论的是财政转移支付对地方政府义务教育服务的影响，从县级层面数据可获性出发，选取生均预算内教育经费作为评价义务教育服务效果的指标。另外，教师作为义务教育资源中最为关键的因素，其投入也可以衡量教育服务的水平，所以选取义务教育阶段教职工人均年收入也作为评价效果的指标。

针对转移支付，这里要搞清的问题是不同的转移支付给义务教育发展带来的服务效果。因此，和第五章分析框架一样，首先从转移支付结构分析不同转移支付所占比例对义务教育服务效果的影响。税收返还是分税制改革后维系地方利益的一种转移支付，可看作地方政府的自有财力。财力性转移支付和其构成中的一般性转移支付是用来平衡地方财力的转移支付，这类转移支付增大地方财力势必会提升地方公共服务的水平。而专项转移支付则是针对具体事项的转移支付，由于专项转移支付的具体结构不清楚，因此无从判断专项转移支付能否直接促进地方某项公共服务水平的提升。另外，中小学教师工资补助、农村义务教育补助则是直接用于义务教育的转移支付，相比于专项转移支付中用于义务教育的数据无法剥离，该指标则拥有相应的县级数据，是一个很好的评价投入义务教育的转移支付指标。

参考已有的研究，选择其他解释变量和控制变量。这里选取县级政府的人均GDP来控制经济发展水平；省级政府本级财政收入比财政支出构成的财政自给度来衡量地方财政状况；教育支出占财政支出的比例来衡量地方政府义务投入的努力程度；义务教育阶段学生数占人口比例、义务教育阶段教师

数占总人口比例来衡量提供义务教育服务的需求；城市人口占总人口比例来
衡量各地城市化程度；财政供养人口占总人口比例来衡量挤占义务教育公共
服务的状况。

二、模型和数据来源

根据以上变量的讨论和假设，选取如式（6-1）回归模型：

$$Y_{it} = \alpha + \beta T_{it} + \gamma X_{it} + \varepsilon_{it} \qquad (6-1)$$

数据来源于2002—2007年全国地市县财政统计资料、全国分县市人口统
计资料、县级教育经费统计资料的相关数据。[1]需要说明的是，这里使用的
县级数据由于采集存在难度，从中只抽取了湖北省作为样本进行研究。湖北
省2002—2007年县市级行政单位没有变动，共有102个。[2]同时，对县级研
究的结果还使用省级相应数据进行检验。

回归模型式（6-1）中，i 和 t 分别代表第 i 个县市级单位和第 t 年份的观
测值；Y_{it} 分别为湖北省102个县市级单位测算的小学、初中生均预算内教育
经费的对数和教职工人均年收入的对数，生均预算内教育经费、教职工人均
年收入均来源于县级教育经费统计资料；T_{it} 是各省税收返还、财力性转移支
付、专项转移支付、一般性转移支付、中小学教师工资补助、农村义务教育

---

❶ 2002—2007年中国财政经济出版社出版的《全国地市县财政统计资料》。

❷ 合并全国地县市财政统计资料、全国分县市人口统计资料和全国县级教育经费统计资料湖北省
有关县市级行政单位的处理过程：武汉，420125经济开发区、420126东湖开发区，由于人口、财政统计资
料无，因而取消，相关数据并入市本级。黄石，420203石灰窑区更名为西塞山区。十堰，420304白浪开
发区、4203005武当山特区、4203006东风教育集团，由于人口、财政统计资料无，因而取消，相关数据并
入市本级。宜昌，420506草埠湖、420508宜昌开发区，由于人口、财政统计资料无，因而取消，相关数据
并入市本级。420581枝城市同人口、财政统计资料上宜都市。襄阳，420604高新区教育局、420606二汽
开发区、420607高新开发区，由于人口、财政统计资料无，因而取消，相关数据并入市本级。荆门，
420803屈家岭教育局，由于人口、财政统计资料无，因而取消，相关数据并入市本级。荆州，421005荆州
开发区、421025沙洋农场，由于人口、财政统计资料无，因而取消，相关数据并入市本级。黄冈，421128
龙感湖农场、421129黄冈市开发区，由于人口、财政统计资料无，因而取消，相关数据并入市本级。咸
宁，422328温泉开发区，由于人口、财政统计资料无，因而取消，相关数据并入市本级。

转移支付和地方政府义务教育
zhuanyizhifu he difangzhengfu yiwujiaoyu
touru yanjiu　投入研究

补助占转移支付的比例，相应数据来源于全国地市县财政统计资料中各县的数据；X_{it}是前面讨论的其他解释变量和控制变量，包括人均GDP的对数、财政自给度、教育支出占财政支出比例、义务教育阶段学生数占人口比例、义务教育阶段教师数占总人口比例、城市人口占总人口比例、财政供养人口比例，分别由县级单位的GDP、总人口数、地方财政支出、地方财政收入、教育财政支出、小学在校学生数、小学教师数、初中在校学生数、初中教师数、城市人口比例、财政供养人口求得。小学在校学生数、小学教师数、初中在校学生数、初中教师数来源于县级教育经费统计资料；地方人口总数、城市人口比例来源于全国分县市人口统计资料；其他数据均来源于全国地市县财政统计资料。

第三节　转移支付对地方政府义务教育投入水平的影响

表6-1显示了不同转移支付对于各县小学生均预算内教育经费的影响。转移支付结构在控制经济发展水平、财政自给程度、地方城市化水平和其他公共服务需求后，在地方自身义务教育发展需求和义务教育投入努力程度的影响下决定响义务教育的发展水平。因此，表6-1的模型中控制变量用人均GDP的对数、财政自给度、城市人口比例、财政供养人口比例控制了相关影响因素，用小学预算内教育经费占财政支出的比例和小学学生数占人口比例、教职工数占人口比例作为其他解释变量。从以下6个模型中可以看出，不同转移支付所占比例对小学生均预算内教育经费的影响都很显著，但影响的方向和大小不一致。

税收返还对于生均预算内教育经费的影响较小，而财力性转移支付和税收返还一样，相比于专项转移支付和一般性转移支付，对生均预算内教育经费的影响也较小。由于税收返还是地方政府原有分配格局的一种保留，往往是经济越发达的地区获取的越多，因此，转移支付比例中税收返还比例的增多并不表明对于某种公共服务投入的增加，相反是地方原有利益的维系。财力性转移支付按理是用来平衡地方财政能力的转移支付，但是现阶段的财力性转移支付并不是全部按照一般性转移支付那样按因素合理地弥补地方财力差距。另外，财力性转移支付名目繁多，包括像民族地区转移支付、调整工资转移支付、农村税费改革转移支付、"三奖一补"转移支付等，因此，影响地方义务教育的效果也不甚明显。

表6-1　不同转移支付对于各县小学生均预算内教育经费的影响模型回归结果

解释变量	模型（1）FE	模型（2）FE	模型（3）FE	模型（4）FE	模型（5）FE	模型（6）RE
税收返还所占比例	0.0140**	—	—	—	—	—
	(2.42)	—	—	—	—	—
财力性转移支付所占比例	—	0.0145***	—	—	—	—
	—	(2.73)	—	—	—	—
专项转移支付所占比例	—	—	0.229***	—	—	—
	—	—	(4.54)	—	—	—
一般性转移支付所占比例	—	—	—	2.485***	—	—
	—	—	—	(7.99)	—	—
教师工资补助所占比例	—	—	—	—	−8.704***	—
	—	—	—	—	(−6.43)	—
义务教育补助所占比例	—	—	—	—	—	8.059***
	—	—	—	—	—	(11.29)
财政自给度	−1.659***	−1.653***	−1.656***	−1.382***	−0.825***	−0.0137
	(−10.41)	(−10.44)	(−10.65)	(−9.13)	(−6.16)	(−0.08)
人均GDP的对数	0.0958***	0.0952***	0.0945***	0.0893***	0.0699***	0.0272**
	(6.09)	(6.06)	(6.09)	(5.98)	(5.00)	(2.07)
小学预算支出占财政比例	1.936***	1.916***	2.052***	1.637***	0.958*	5.854***
	(3.04)	(3.02)	(3.28)	(2.71)	(1.72)	(9.49)

解释变量	模型（1）	模型（2）	模型（3）	模型（4）	模型（5）	模型（6）
	FE	FE	FE	FE	FE	RE
小学学生数占人口比例	−16.90***	−16.87***	−16.71***	−14.25***	−10.42***	−20.45***
	(−16.28)	(−16.28)	(−16.31)	(−13.70)	(−11.68)	(−14.28)
城市人口比例	0.947***	0.943***	0.943***	0.631***	0.694***	0.454***
	(10.13)	(10.10)	(10.23)	(6.49)	(9.22)	(4.19)
财政供养人口比例	48.94***	48.87***	48.39***	42.03***	29.93***	36.90***
	(14.07)	(14.07)	(14.11)	(12.32)	(10.25)	(10.60)
F value	115.92	116.51	121.37	137.32	89.78	633.37
R^2 within	0.6173	0.6185	0.6281	0.6565	0.6105	0.8395
obs	612	612	612	612	510	204

注：被解释变量为小学生均预算内教育经费的对数。经过 Hausman 检验，模型（6）拒绝固定效应模型，选择随机效应模型，其余模型均选择固定效应模型。括号里的值为 t 值。*、**、***分别表示在10%、5%和1%的水平上显著。

这里核心讨论的是一般性转移支付和专项转移支付的比例，从表6-1中的模型（3）和模型（4）可以看到两项转移支付所占比例对地方小学生均预算内教育经费的影响显著为正，但是两者的系数存在较大的差异，一般性转移支付占转移支付的比例对地方生均经费增加的效果明显高于专项转移支付。对于专项转移支付的使用结构由于缺乏信息，并不清楚都有多少比例使用在义务教育上，但是一般性转移支付作为按因素法制定的弥补地方财力的转移支付，补助到地方后其使用结构肯定是等同于地方政府的财政支出偏好的，或者说划归自身财力使用的。那么专项转移支付带来增量效果小于一般性转移支付的效果说明专项转移支付的支出结构中义务教育的比例明显低于地方政府财政支出中义务教育的比例。另外也说明，现阶段我国专项转移支付结构中大多集中在经济方面进行投入，虽然补助对象主要针对农村和中西部地区，但缺乏对义务教育等地方公共服务的关注。

中小学教师工资补助和农村义务教育补助为针对义务教育的财力性转移

支付，按理说这两项转移支付所占比例的增加应该能够明显提升生均预算内教育经费，但是从实证结果来看，农村义务教育补助对小学生均预算内教育经费的影响显著为正，中小学教师工资补助对小学生均预算内教育经费的影响却显著为负。同样是针对义务教育拨付的转移支付，为何对义务教育服务效果的影响不一致呢？

对于这个问题的解释需要从两项转移支付本身说起，中小学教师工资补助从属于农村税费改革转移支付，其目的是弥补2000年税费改革后部分农村地方政府财政能力减弱，无力支付教师工资的情况。这笔补助是直接拨付地方政府的，属于无需配套的专项转移支付，对于该款项是否存在挪用从数据中不能显示出来，但明显造成了地方义务教育投入的减弱。实际上，在第二章就曾分析到这种非配套的专项转移支付可能存在"挤出效应"，反而减低了地方应有的投入水平。而农村义务教育补助则是在2006年农村义务教育"新机制"实施以后开始拨付的补助，按"新机制"的要求地方政府需给予相应的配套，因此，可看作配套性专项转移支付。从实证结果中可以明显看出，这种配套性专项转移支付相比于其他转移支付能明显提升地方公共服务的水平，就这里的义务教育而言，则可以提高义务教育生均预算内教育经费的水平。

表6-2给出了使用湖北省县级数据和全国的省级数据验证不同转移支付对小学、初中生均预算内教育经费影响系数的统计结果。从整体来看，不管是小学还是初中生均预算内教育经费，转移支付比例的影响还是一致的。具体来说，税收返还和财力性转移支付对提升生均预算内教育经费的水平效果有限。专项转移支付可以明显提升生均预算内教育经费的水平，但明显低于一般性转移支付提升的幅度。而中小学教师工资补助作为针对义务教育的非配套专项转移支付降低了生均预算内教育经费的水平，农村义务教育补助作为针对义务教育的配套性专项转移支付提升生均预算内教育经费幅度最大。

表6-2　不同转移支付对小学、初中生均预算内教育经费影响系数模型回归结果

解释变量		税收返还所占比例	财力转移支付所占比例	专项转移支付所占比例	一般转移支付所占比例	教师工资补助所占比例	义务教育补助所占比例
小学生均预算内教育经费的对数	湖北县级数据	0.0140**	0.0145***	0.229***	2.485***	−8.704***	8.059***
		(2.42)	(2.73)	(4.54)	(7.99)	(−6.43)	(11.29)
		612	612	612	612	510	204
	全国省级数据	−1.329**	−0.0125	0.7795***	1.299***	−10.146***	5.824
		(−4.36)	(−0.11)	(3.73)	(3.84)	(−2.78)	(1.49)
		185	186	186	186	155	62
初中生均预算内教育经费的对数	湖北县级数据	0.0136**	0.0140***	0.261***	2.939***	−11.558***	5.595***
		(2.08)	(2.34)	(4.58)	(8.89)	(−8.32)	(6.27)
		608	608	608	608	507	202
	全国省级数据	−2.078**	0.0848	1.006***	2.236***	−20.072***	−3.519
		(−6.90)	(0.59)	(4.00)	(5.98)	(−4.55)	(−0.73)
		185	186	186	186	155	62

注：*、**、***分别表示在10%、5%和1%的水平上显著，括号里的值为t值，最下数值为观测值。

从投入方面来衡量义务教育服务的效果，除了从经费投入角度考虑生均预算内教育经费的水平，还可以从教师投入角度考虑。教师工资可以作为衡量地方义务教育发展水平的一个评价标准，教师工资水平越高，说明地方投入义务教育的资源越多，义务教育发展的水平越高。表6-3给出了不同转移支付所占比例对小学教职工人均年收入对数的影响。

表6-3　不同转移支付所占比例对小学教职工人均年收入对数的影响模型回归结果

解释变量	模型（1）	模型（2）	模型（3）	模型（4）	模型（5）	模型（6）
	FE	FE	FE	FE	FE	FE
税收返还所占比例	0.0106***	—	—	—	—	—
	(2.67)	—				

续表

解释变量	模型（1）	模型（2）	模型（3）	模型（4）	模型（5）	模型（6）
	FE	FE	FE	FE	FE	FE
财力性转移支付所占比例	—	0.0110***	—	—	—	—
	—	(3.03)	—	—	—	—
专项转移支付所占比例	—	—	0.164***	—	—	—
	—	—	(4.73)	—	—	—
一般性转移支付所占比例	—	—	—	1.579***	—	—
	—	—	—	(7.81)	—	—
教师工资补助所占比例	—	—	—	—	−4.906***	—
	—	—	—	—	(−5.50)	—
义务教育补助所占比例	—	—	—	—	—	5.332***
	—	—	—	—	—	(5.45)
财政自给度	−1.037***	−1.031***	−1.023***	−0.773***	−0.333***	−1.507***
	(−10.05)	(−10.06)	(−10.17)	(−7.65)	(−3.74)	(−3.04)
人均GDP的对数	0.0545***	0.0540***	0.0533***	0.0489***	0.0368***	−0.0000725
	(5.06)	(5.03)	(5.03)	(4.77)	(3.90)	(−0.01)
小学预算支出占财政比例	0.742*	0.738*	0.884**	0.923**	0.713*	4.671***
	(1.74)	(1.73)	(2.10)	(2.27)	(1.95)	(4.54)
小学学生数占人口比例	−219.4***	−219.9***	−221.2***	−210.1***	−151.3***	−208.7***
	(−13.05)	(−13.10)	(−13.35)	(−13.15)	(−11.17)	(−4.41)
城市人口比例	0.516***	0.514***	0.516***	0.319***	0.339***	1.171
	(7.98)	(7.95)	(8.09)	(4.79)	(6.61)	(1.05)
财政供养人口比例	26.62***	26.71***	26.90***	26.42***	18.97***	−2.157
	(11.65)	(11.71)	(11.95)	(12.18)	(10.51)	(−0.11)

转移支付和地方政府义务教育
zhuanyizhifu he difangzhengfu yiwujiaoyu
touru yanjiu　投入研究

续表

解释变量	模型（1）	模型（2）	模型（3）	模型（4）	模型（5）	模型（6）
	FE	FE	FE	FE	FE	FE
F value	63.41	63.96	67.46	77.68	43.67	41.40
R^2 within	0.4688	0.4709	0.4842	0.5195	0.4236	0.7531
obs	612	612	612	612	510	204

注：被解释变量为小学教职工人均年收入的对数。经过 Hausman 检验，模型均选择固定效应模型。括号里的值为 t 值。*、**、***分别表示在10%、5%和1%的水平上显著。

表6-4给出了使用湖北省县级数据和全国的省级数据验证不同转移支付对小学、初中教职工人均年收入影响系数的统计结果。

表6-4　不同转移支付对小学、初中教职工人均年收入影响模型回归结果

解释变量		税收返还所占比例	财力转移支付所占比例	专项转移支付所占比例	一般转移支付所占比例	教师工资补助所占比例	义务教育补助所占比例
小学教职工人均年收入的对数	湖北县级数据	0.0106***	0.0110***	0.164***	1.579***	−4.906***	5.332***
		(2.67)	(3.03)	(4.73)	(7.81)	(−5.50)	(5.45)
		612	612	612	612	510	204
	全国省级数据	−0.932***	−0.0077	0.4906***	1.205***	−6.890***	4.368
		(−4.29)	(−0.08)	(2.86)	(4.57)	(−2.55)	(1.15)
		185	186	186	186	155	62
初中教职工人均年收入的对数	湖北县级数据	0.00816	0.0088*	0.1658***	2.264***	−7.556***	5.043***
		(1.58)	(1.86)	(3.68)	(8.81)	(−6.34)	(4.95)
		608	608	608	608	507	202
	全国省级数据	−1.207***	0.0530	0.6004***	1.386***	−10.432***	−0.863
		(−5.97)	(0.54)	(3.43)	(5.18)	(−3.69)	(−0.17)
		185	186	186	186	155	62

注：*、**、***分别表示在10%、5%和1%的水平上显著，括号里的值为 t 值，最下数值为观测值。

和前面分析的生均预算内教育经费的结果相一致，转移支付结构对于教

职工人均年收入的影响趋势和显著性相同。税收返还和财力性转移支付对提升教职工人均年收入效果有限，一般性转移支付比专项转移支付可以明显提升教职工人均年收入水平，中小学教师工资补助降低了教职工人均年收入水平，农村义务教育补助提升人均年收入幅度最大。因此，可以认为，这几项转移支付或者说转移支付结构对于地方义务教育发展水平的效果具有一致性。

第四节　结论

本章利用2002—2007年湖北省的县级数据测算出不同县义务教育阶段生均预算内教育经费和教职工人均年收入的水平，并用这些投入指标来衡量地方义务教育服务效果，然后分析了不同转移支付对这些指标的影响，同时用省一级的数据进行了检验。

（1）税收返还和财力性转移支付对提升义务教育投入水平作用有限，并不显著。

（2）一般性转移支付相比于专项转移支付更能提高义务教育投入水平，说明现阶段我国专项转移支付结构中涉及义务教育或其他公共服务的比例较低，缺乏对地方公共服务的关注。

（3）中小学教师工资补助作为税费改革后弥补地方财力的一种非配套性专项转移支付降低了地方本身对义务教育的投入，影响了义务教育投入水平。

（4）2006年"新机制"实施后拨付的农村义务教育补助，作为配套性专项转移支付能够明显提升地方义务教育投入水平。

综上所述，考虑不同转移支付的特征，针对义务教育的配套性专项转移支付更能提升地方义务教育投入水平。

第七章 转移支付和地方政府义务教育投入努力程度

第一节 转移支付和地方政府义务教育投入努力程度的相关研究

西方基于财政分权方的理论，认为由地方政府提供义务教育是更有效率的，对于中国来说也是如此，县级政府担当着义务教育的主要职责。但是，由于中国的特殊情况，地方政府更多履行的职责是中央政府的委托机构。特别是在义务教育服务方面，地方各级政府的利益又往往和上级政府的目标不一致。从义务教育本身来看，由于发展义务教育的效果很难测评，而且投资收益的周期也很长，往往超出地方政府官员的任期。另外，对于地方来说，通过义务教育培养的人才有可能流入其他地区，并没有给当地带来相应的效益，从而导致地方政府官员在义务教育投入问题上努力程度不足，如果没有相对应的财政激励，则会扭曲地方政府的义务教育财政行为，损害义务教育服务的提供。

转移支付和地方政府义务教育
zhuanyizhifu he difangzhengfu yiwujiaoyu
touru yanjiu 投入研究

　　通过相应的转移支付是否可以实现对地方政府的激励，提高地方政府义务教育投入的努力程度则是需要讨论的问题。国外对于转移支付和地方政府努力程度的实证研究并没有统一的结论。基于理性收益最大化假说，Peterson（1997）指出：在地方支出给定的前提下，由于地方政府不能内部化征税成本，转移支付倾向于替代融资成本较高的地方税收，从而降低财政努力。而基于"粘蝇纸效应"假说，Gramlich（1987）和Bird（1994）证实转移支付与地方财政支出之间存在负向关系，转移支付有可能降低地方政府的财政努力。此外，Correa和Steiner（1999）在对哥伦比亚转移支付的研究中，发现有96%的转移支付项目会降低地方财政努力。然而，这种负向关系在Garzon（1997）的研究中未能得到证实，相反他们发现随着转移支付的增加，地方政府将更努力地征税（刘勇政 等，2009）。国内关于转移支付对地方政府财政努力程度影响的研究相对较迟，乔宝云等（2006）的研究发现，税收返还以及总量转移支付对地方的财政努力程度的刺激并不成功，抑制了地方的财政努力，同时相比于贫困地区，富裕地区的财政努力程度更低。张恒龙等（2007）以1994—2003年的省级数据讨论各类转移支付和各省财政努力程度，研究发现行的转移支付制度总体上并不利于提高地方政府的财政努力，在实现财政均等化方面的作用也相当有限。刘勇政等（2009）的研究更加细化地讨论转移支付和地区财政努力差异的关系，发现转移支付在促进东部发达省份财政努力的同时，抑制了中、西部落后地区的财政努力；相比于税收返还激励地方政府努力征税，专项转移支付和财力性转移支付不同程度地抑制了财政努力程度。李永友等（2009）则尝试以实际课征水平与理论课征水平的比值作为地方税收努力程度指数，以1994—2008年的省级数据研究发现在控制其他影响后，中央转移支付对地方财政收支决策的影响是不对称的，转移支付对地方财政支出影响显著，而地方税收努力程度不显著。张晏等（2013）基于Barankay和Lockwood（2007）的模型以及Hoxby（2000）对一般教育产出模型的分析，对1998—2006年省级面板数据分析发现，中央政府与省级政府之间的教育财政分权对地区总体的义务教育产出没有显著影响，但对城镇具有显著的正面影响，而对农村则具有显著的负面影响。杨良松等（2015）基于1995—2009年省级面板数据和2000—2006年市级面板数据分析，发现各省内部与各市内部对县、乡级政府的财政支出分权对义务教育支出比重均有显著正影响，但县、乡级财政自主性有显著负影响。

对于以往的研究，研究对象大多基于省级政府层面，讨论省一级政府如何从财政上保障公共服务，是否存在投入不足问题。而针对提供公共服务的主体的县级政府的研究较少。另外，就义务教育而言，我国的义务教育实行"以县为主"的管理体制，义务教育的财政保障主要由县级政府担当。因此，有必要使用县一级的数据来衡量地方政府对义务教育投入的努力程度，并分析不同转移支付对地方政府义务教育投入努力程度的影响。本章将利用县级数据研究不同类型的转移支付对县级政府努力程度的影响，从而判断转移支付在激励地方政府努力程度上的功能。

第二节 研究设计

一、变量选取

以往研究中对于财政投入努力程度系数的构造均借鉴了Bahl等人的相关研究，通过实际财政收入同预期财政收入的比值来估算财政努力。对于预期财政收入则同当期的生产总值以及前期年份的哑变量估算（Bahl et al，1972）。然而Kim（2007）的研究认为以上方法存在一定的缺陷，而他提出的卡尔曼滤波方法更好地估计了努力程度。但是这些研究的设计均涉及对地方政府预期收入的一种估计，鉴于评估方法中数据的可获性以及方法本身还存在改进的余地，这里对于县级政府投入义务教育的财政努力程度并不采用该法。研究认为如果县级政府因为义务教育外溢性等原因降低义务教育投入意

转移支付和地方政府义务教育
zhuanyizhifu he difangzhengfu yiwujiaoyu
touru yanjiu 投 入 研 究

愿的话，政府将减少义务教育投入，相应降低义务教育经费在财政支出中的比例。所以相比于以往研究构造的努力程度系数，这里选择县级政府小学、初中预算内教育经费支出占财政支出的比例作为投入义务教育努力程度的变量。

对于县级政府小学、初中预算内教育经费支出占财政支出的比例的认识，首先该比例反映的是一个地方政府的财政支出结构，表现为地方财政偏好。不同地方政府可能由于经济发展水平、财政能力、公共服务需求等导致财政支出的偏好不同，从这一层级来看，该比例还不能反映地方政府对于义务教育投入的努力程度。但是，在控制了县级政府的经济、财政、人口等因素以及县级政府发展义务教育的需求后，该比例越高，则可以说明地方政府对于义务教育投入上的努力程度越高。

针对转移支付，和前两章分析框架一样，从转移支付结构分析不同转移支付所占比例对地方政府义务教育投入努力程度的影响。税收返还是分税制改革后维系地方利益的一种转移支付，可看作地方政府的自有财力。财力性转移支付和其构成中的一般性转移支付是用来平衡地方财力的转移支付，专项转移支付则是针对具体事项的转移支付，由于专项转移支付的具体结构不清楚，因此，无从判断专项转移支付是否能提升地方政府投入义务教育的努力程度。中小学教师工资补助、农村义务教育补助是直接用于义务教育的转移支付，是一个很好地评价政府投入义务教育的转移支付指标。

其他解释变量和控制变量的选择。参考以往研究，这里选取省级政府的人均GDP来控制经济发展水平；用省级政府财政支出占中央财政支出的比例构成的财政分权度来衡量财政分权情况；省级政府本级财政收入比财政支出构成的财政自给度来衡量地方财政状况；义务教育阶段学生数占人口比例、义务教育阶段教师数占总人口比例来衡量提供义务教育服务的需求；城市人口占总人口比例来衡量各地城市化程度；财政供养人口占总人口比例来衡量挤占义务教育公共服务的状况。

二、模型和数据来源

根据以上变量的讨论和假设，选取如式（7-1）所示的回归模型：

$$P_{it} = \alpha + \beta T_{it} + \gamma X_{it} + \varepsilon_{it} \tag{7-1}$$

使用2002—2007年全国地市县财政统计资料和教育经费统计资料的面板数据。模型公式（7-1）中，i 和 t 分别代表第 i 个省份和第 t 年份的观测值；P_{it} 是各县级政府小学、初中预算内教育经费支出占财政支出的比例，预算内教育经费支出来源于县级教育经费统计资料，财政支出来源于地市县财政统计资料；T_{it} 是各省一般性转移支付、专项转移支付占财政总收入或转移支付总额的比例，一般性转移支付、专项转移支付以及财政总收入、转移支付总额均来源于全国地市县财政统计资料中各省的数据；X_{it} 是前面讨论的其他解释变量和控制变量，包括人均GDP、财政自给度、义务教育阶段学生数占人口比例、义务教育阶段教师数占人口比例、城市人口占总人口比例、财政供养人口比例，分别由县级单位的GDP、总人口数、地方财政支出、地方财政收入、小学在校学生数、小学教师数、初中在校学生数、初中教师数、城市人口比例、财政供养人口求得。小学在校学生数、小学教师数、初中在校学生数、初中教师数来源于县级教育经费统计资料；地方人口总数、城市人口比例来源于全国分县市人口统计资料；其他数据均来源于全国地市县财政统计资料。

第三节　转移支付对地方政府义务教育投入
努力程度的影响

表7-1给出了不同转移支付对湖北省各市县小学预算内教育经费占财政支出比例的影响。所有的模型都选取财政自给度、财政分权度、人均GDP、小学学生数占人口比例、小学教师数占人口比例、城市人口比例、财政供养

转移支付和地方政府义务教育
zhuanyizhifu he difangzhengfu yiwujiaoyu
touru yanjiu　投入研究

人口比例对经济发展水平、财政能力、公共服务需求、城市化水平进行控制，从而可以更合理地评价不同转移支付是否影响了地方政府投入义务教育的努力程度。前3个模型中，税收返还、财力性转移支付和专项转移支付对地方小学预算内教育经费占财政支出比例的影响并不明显。但是，模型（4）在控制财力性转移支付的比例情况下，可以看到专项转移支付更加显著地表现出对地方义务教育投入努力程度的影响。之所以控制财力性转移支付的比例，是因为转移支付主要由税收返还、财力性转移支付和专项转移支付三项构成，税收返还可以看作地方自有财力，剩下两项控制其一就可以明显看出另一项的影响。具体可解释为在财力性转移支付所占比例一定的情况下，专项转移支付所占比例越大导致地方政府投入义务教育的努力程度越小。

表7-1　不同转移支付对湖北省各市县小学预算内教育经费占财政支出比例的
模型回归结果

解释变量	模型（1）	模型（2）	模型（3）	模型（4）	模型（5）
	各县小学预算内教育经费占财政支出的比例				
	FE	FE	FE	RE	FE
税收返还占比例	0.000222	—	—	—	—
	(0.56)				
财力性转移支付占比例	—	0.000258	—	0.00941***	0.000212
	—	(0.71)		(6.45)	(0.59)
专项转移支付占比例	—	—	−0.00286	−0.0920***	—
	—	—	(−0.82)	(−6.56)	—
一般性转移支付占比例					0.0359
					(1.58)
财政自给度	−0.00286	−0.00288	−0.00121	0.00927	0.000256
	(−0.26)	(−0.27)	(−0.11)	(1.07)	(0.02)
财政分权度	0.338*	0.337*	0.355*	0.221	0.356*
	(1.68)	(1.68)	(1.77)	(1.15)	(1.77)

续表

解释变量	模型（1）	模型（2）	模型（3）	模型（4）	模型（5）
	各县小学预算内教育经费占财政支出的比例				
	FE	FE	FE	RE	FE
人均GDP	−0.000000196	−0.000000200	−0.000000186	−0.000000199	−0.000000244*
	（−1.37）	（−1.39）	（−1.30）	（−1.44）	（−1.67）
学生数占人口的比例	0.524***	0.525***	0.516***	0.333***	0.563***
	（7.29）	（7.30）	（7.16）	（5.22）	（7.43）
教师数占人口的比例	10.50***	10.47***	10.71***	10.94***	10.27***
	（6.04）	（6.02）	（6.16）	（6.72）	（5.89）
城市人口比例	−0.0305***	−0.0305***	−0.0304***	−0.0135**	−0.0346***
	（−4.83）	（−4.83）	（−4.82）	（−2.47）	（−5.07）
财政供养人口比例	−2.774***	−2.772***	−2.781***	−2.334***	−2.840***
	（−11.20）	（−11.19）	（−11.25）	（−10.58）	（−11.31）
F value	29.68	29.72	29.75	325.13	26.77
R^2 within	0.3211	0.3214	0.3216	0.3614	0.3248
obs	612	612	612	612	612

注：经过 Hausman 检验，模型（4）拒绝固定效应模型，选择随机效应模型，其余模型均选择固定效应模型。括号里的值为 t 值。*、**、***分别表示在10%、5%和1%的水平上显著。

表7-2中的前两个模型在控制财力性转移支付的基础上，验证了中小学教师工资补助和农村义务教育补助对于地方政府投入义务教育努力程度的影响。可以看到两项针对义务教育的专项转移支付均比较显著地提高了地方政府投入义务教育的努力程度。在前面验证的不同转移支付对小学预算内教育经费占财政支出影响从影响的基础上，模型（3）～模型（5）检验了在控制财力性转移支付条件下，专项转移支付、教师工资补助和农村义务教育补助对各县初中预算内教育经费占财政支出比例的影响。和小学的情况一致，专项转移支付所占比例对政府投入义务教育的努力程度显著为负，而教师工资补助和义务教育补助对政府投入义务教育的努力程度则显著为正。

表7-2 控制财力性转移支付对预算内教育经费支出占财政支出比例的模型回归结果

解释变量	模型（1）	模型（2）	模型（3）	模型（4）	模型（5）
	各县小学预算内教育经费所占比例		各县初中预算内教育经费占财政支出的比例		
	FE	FE	FE	FE	FE
财力性转移支付占比例	0.0000367	0.0368	0.00524***	−0.000152	0.0757**
	(0.11)	(0.91)	(4.59)	(−0.59)	(2.00)
专项转移支付占比例	—	—	−0.0515***	—	—
	—	—	(−4.67)	—	—
教师工资补助占比例	0.416***	—	—	0.284***	—
	(3.60)	—	—	(3.49)	—
义务教育补助占比例	—	0.561***	—	—	0.442***
	—	(6.14)	—	—	(5.26)
财政自给度	−0.00934	−0.0383	0.00861	0.0232***	−0.160***
	(−0.79)	(−0.59)	(1.09)	(2.62)	(−2.67)
财政分权度	0.379*	−0.312	0.215	0.225	−0.333
	(1.81)	(−0.82)	(1.44)	(1.43)	(−0.95)
人均GDP	−0.000000413**	0.000000132	−0.000000204*	−0.000000517***	0.000000507
	(−2.26)	(0.24)	(−1.80)	(−3.58)	(0.96)
学生数占人口的比例	0.540***	0.574	−0.125	−0.135	0.436
	(7.14)	(1.28)	(−1.40)	(−1.48)	(0.82)
教师数占人口的比例	9.266***	7.877	11.38***	11.64***	7.830
	(5.24)	(1.54)	(5.34)	(5.31)	(1.27)
城市人口比例	−0.0277***	0.0290	−0.0252***	−0.0220***	0.00310
	(−4.26)	(0.26)	(−4.99)	(−4.18)	(0.03)
财政供养人口比例	−2.639***	0.603	−0.721***	−0.679***	−0.434
	(−9.73)	(0.29)	(−5.13)	(−4.83)	(−0.23)

续表

解释变量	模型（1）	模型（2）	模型（3）	模型（4）	模型（5）
	各县小学预算内教育经费所占比例		各县初中预算内教育经费占财政支出的比例		
	FE	FE	FE	FE	FE
F value	27.24	6.25	9.63	9.97	7.60
R^2 within	0.3806	0.3768	0.1486	0.1847	0.4263
obs	510	204	608	507	202

注：经过 Hausman 检验，各模型均拒绝随机效应模型。括号里的值为 t 值。*、**、***分别表示在10%、5%和1%的水平上显著。

在以上实证结果的基础上，表7-3使用省级数据检验了不同转移支付对于各省小学、初中预算内教育经费占财政支出比例的影响。从模型（1）、模型（4）中可以看到在省级数据条件下，控制财力性转移支付的比例，专项转移支付比例将减低省级政府投入义务教育的努力程度。虽然在模型（4）中这一影响并不显著，而对于教师工资补助，从省级数据验证的结果看到该补助所占比例仍然可以提升地方政府投入义务教育的努力程度，显著性较低，农村义务教育补助则对地方义务教育投入努力程度很显著为正。

对于专项转移支付对地方政府投入努力程度的解释，第六章已经分析过专项转移支付的结构中可能缺乏对义务教育等公共服务的考虑，因而所占比例较低。另外，专项转移支付又多为一些配套性的转移支付，是需要地方政府配套投入的。因此，在控制财力性转移支付的前提下，加大专项转移支付的比例势必加大政府在其他非公共事务上的支出，降低了在义务教育投入上的努力程度。和分析的专项转移支付正好相反，农村义务教育补助是针对义务教育的配套性转移支付，获取该转移支付政府则会相应加大配套于义务教育上的投入，从而提高了地方政府投入义务教育的努力程度。对于中小学教师工资补助，在第四章中也已经分析到，它是在税费改革时为弥补地方财力不足产生的非配套性转移支付。由于地方政府接受该转移支付的时候并不用

转移支付和地方政府义务教育
zhuanyizhifu he difangzhengfu yiwujiaoyu
touru yanjiu　投入研究

配套相应投入，因此，自有财力不受影响。而地方政府可能会随补助加大对义务教育的投入，也可能不会，也就无从判断其对地方政府努力程度的影响。

表7-3　不同转移支付对各省小学、初中预算内教育经费占财政支出比例的模型回归结果

解释变量	模型（1）	模型（2）	模型（3）	模型（4）	模型（5）	模型（6）
	各省小学预算内教育经费所占财政支出比例			各省初中预算内教育经费占财政支出的比例		
	RE	RE	FE	RE	RE	RE
财力性转移支付占比例	−0.0152***	0.00235	0.0561*	−0.00618	−0.000631	0.0233
	（−2.61）	（0.48）	（2.11）	（−1.45）	（−0.17）	（1.89）
专项转移支付占比例	−0.0343***	—	—	−0.0106	—	—
	（−3.25）	—	—	（−1.36）	—	—
教师工资补助占比例	—	0.303*	—	—	0.0703	—
	—	（1.68）	—	—	（0.53）	—
义务教育补助占比例	—	—	0.348***	—	—	0.202**
	—	—	（3.24）	—	—	（3.20）
财政自给度	−0.00287	0.00265	0.0947	−0.00294	0.00556	0.0106
	（−0.26）	（0.23）	（1.67）	（−0.37）	（0.67）	（0.93）
财政分权度	−0.498***	−0.427***	0.792	−0.181***	−0.173*	−0.0707
	（−5.05）	（−3.98）	（0.95）	（−2.83）	（−2.55）	（−0.83）
人均GDP	$1.47e{-}08$	$-5.91e{-}08$	−0.000000154	$5.87e{-}08$	$-2.79e{-}08$	$-1.72e{-}08$
	（0.17）	（−0.57）	（−1.40）	（0.91）	（−0.33）	（−0.26）
学生数占人口的比例	0.654***	0.717***	0.723	0.581***	0.808***	0.156
	（8.20）	（8.53）	（1.30）	（4.56）	（5.45）	（0.72）
教师数占人口的比例	−4.917***	−4.724**	−4.539	1.406	0.690	3.558
	（−2.84）	（−2.54）	（−1.12）	（0.53）	（0.23）	（0.87）
城市人口比例	−0.0313**	−0.0223	0.0601	−0.0174*	−0.0160	−0.0191
	（−2.05）	（−1.40）	（0.29）	（−1.74）	（−1.48）	（−1.52）
财政供养人口比例	−0.263	−0.283	0.799	−0.195	−0.0447	−0.141
	（−0.91）	（−0.93）	（0.30）	（−0.95）	（−0.20）	（−0.51）

续表

解释变量	模型（1）	模型（2）	模型（3）	模型（4）	模型（5）	模型（6）
	各省小学预算内教育经费所占财政支出比例			各省初中预算内教育经费占财政支出的比例		
	RE	RE	FE	RE	RE	RE
F value	274.99	240.90	3.31	105.69	102.07	33.29
R^2 within	0.5589	0.5780	0.5754	0.3567	0.4003	0.3383
obs	186	155	62	186	155	62

注：经过 Hausman 检验，除模型（3）外，其他模型均拒绝固定效应模型，选择随机效应模型。括号里的值为 t 值。*、**、***分别表示在10%、5%和1%的水平上显著。

表7-4、表7-5对影响地方政府义务教育投入努力程度显著的专项转移支付和农村义务教育补助，使用绝对额度进行检验。从各模型的回归结果来看，专项转移支付本身投入额度越多反而会降低地方政府义务教育财政支出的比例，农村义务教育补助则正好相反。这进一步验证了前面提到的地方政府针对不同类型转移支付配套资金影响原因。

表7-4　专项移动支付的模型回归结果

解释变量	模型（1）	模型（2）	模型（3）	模型（4）
	FE	RE	RE	RE
专项转移支付	−0.00000126***	—	−3.62e−09***	—
	(−4.15)	—	(−3.02)	—
义务教育补助	—	0.00000782***	—	4.37e−08***
	—	(7.25)	—	(3.01)
财政自给度	−0.0279**	0.0431**	0.00356	0.0177
	(−2.28)	(2.08)	(0.35)	(1.12)
财政分权度	0.333*	−0.474	−0.396***	−0.511***
	(1.69)	(−1.39)	(−4.10)	(−4.10)
人均GDP	−7.25e−08	−0.000000123	−1.12e−08	7.34e−08
	(−0.50)	(−0.41)	(−0.14)	(0.86)

转移支付和地方政府义务教育
zhuanyizhifu he difangzhengfu yiwujiaoyu
touru yanjiu　投入研究

续表

解释变量	模型（1）	模型（2）	模型（3）	模型（4）
	FE	RE	RE	RE
学生数占人口的比例	0.392***	0.0313	0.650***	0.428***
	(5.08)	(0.16)	(8.22)	(3.03)
教师数占人口的比例	9.615***	14.78***	−5.159***	0.641
	(5.59)	(4.01)	(−2.95)	(0.23)
城市人口比例	−0.0232***	0.00933	−0.0292*	−0.0376*
	(−3.59)	(0.68)	(−1.95)	(−1.96)
财政供养人口比例	−2.308***	−2.781***	−0.293	−0.398
	(−8.59)	(−6.37)	(−1.03)	(−1.00)
F value	32.80	97.43	277.05	94.52
R^2 within	0.3433	0.3042	0.5528	0.3499
obs	612	204	186	62

注：被解释变量为小学预算内教育经费占财政支出的比例。经过 Hausman 检验，除模型（1）外，其他模型均拒绝固定效应模型，选择随机效应模型。模型（1）、模型（2）使用湖北省县级数据，模型（3）、模型（4）使用省级数据。括号里的值为 t 值。*、**、***分别表示在10%、5%和1%的水平上显著。

表7-5　农村义务教育补助的模型回归结果

解释变量	模型（1）	模型（2）	模型（3）	模型（4）
	RE	RE	RE	RE
专项转移支付	−0.000000413*	—	−4.21e-10	—
	(−2.09)	—	(−0.47)	—
义务教育补助	—	0.00000763***	—	3.66e-08***
	—	(8.98)	—	(3.99)
财政自给度	0.0129	0.0340*	0.00139	0.00412
	(1.60)	(2.29)	(0.19)	(0.39)
财政分权度	0.175	−0.338	−0.156**	−0.195**
	(1.16)	(−1.22)	(−2.41)	(−2.36)
人均GDP	−0.000000260*	−0.000000372	3.04e-08	5.07e-08
	(−2.24)	(−1.62)	(0.48)	(1.01)

续表

解释变量	模型（1）	模型（2）	模型（3）	模型（4）
	RE	RE	RE	RE
学生数占人口的比例	−0.117	0.00632	0.617***	0.328
	(−1.36)	(0.03)	(4.68)	(1.53)
教师数占人口的比例	13.60***	12.87***	1.229	4.598
	(6.76)	(3.42)	(0.46)	(1.14)
城市人口比例	−0.0237***	−0.0104	−0.0164*	−0.0169
	(−5.20)	(−1.08)	(−1.66)	(−1.34)
财政供养人口比例	−0.968***	−1.482***	−0.202	−0.209
	(−7.46)	(−4.70)	(−0.99)	(−0.76)
F value	124.41	125.74	103.42	31.65
R^2 within	0.1298	0.3712	0.3476	0.3028
obs	608	202	186	62

　　注：被解释变量为初中预算内教育经费占财政支出的比例。经过 Hausman 检验，所有模型均拒绝固定效应模型，选择随机效应模型。模型（1）、模型（2）使用湖北省县级数据，模型（3）、模型（4）使用省级数据。括号里的值为 t 值。*、**、***分别表示在 10％、5％和 1％的水平上显著。

第四节　结论

　　本章利用 2002—2007 年湖北省的县级数据测算出不同县义务教育阶段预算内教育经费占财政支出的比例，在控制县级政府经济发展水平、财政能力、城市化程度、教育发展需求的基础上用该指标来衡量地方政府义务教育投入的努力程度，然后分析了不同转移支付对努力程度指标的影响，同时用省一级的数据进行了检验。

　　（1）税收返还、平衡地方财力的财力性转移支付、按因素法设定的一般性转移支付对于地方政府财政支出结构并无显著影响，因而不能激发地方政府义务教育投入的努力程度。

转移支付和地方政府义务教育
zhuanyizhifu he difangzhengfu yiwujiaoyu
touru yanjiu　投入研究

（2）我国专项转移支付结构中涉及义务教育或其他公共服务的比例较少，缺乏对地方政府义务教育的关注。因此，专项转移支付对地方政府义务教育投入努力程度呈显著的负效应。

（3）中小学教师工资补助作为税费改革后弥补地方财力的一种非配套专项转移支付对地方政府义务教育投入努力程度影响低于农村义务教育补助。

综上所述，考虑不同转移支付的特征，针对义务教育的配套性专项转移支付更能激发地方政府义务教育投入的努力程度。

第八章 义务教育财政转移支付制度设计

通过对转移支付和地方义务教育投入差异、投入水平和投入努力程度的研究，笔者认为作为配套性专项转移支付的农村义务教育补助相比其他类型转移支付更能缩小地方政府义务教育投入差异、提高投入水平、激励地方政府的投入努力程度。但是，针对不同的县级政府义务教育补助的规模究竟应该有多大？多大才能完全覆盖地方义务教育发展的需求？现行的农村义务教育补助并不是义务教育经费的主体，究竟应该如何利用这种转移支付模式给义务教育合理地提供经费保障是需要研究的。

第一节 我国现行义务教育财政转移支付制度存在的问题

自2005年年底，国务院发出《关于深化农村义务教育经费保障机制改革的通知》以来，我国将农村义务教育全面纳入公共财政保障范围，建立了中央与地方分项目、按比例分担的新模式。同时，我国的义务教育发展取得了

转移支付和地方政府义务教育
zhuanyizhifu he difangzhengfu yiwujiaoyu
touru yanjiu 投入研究

较大的成绩。"新机制"实行以来，农民教育负担切实减轻，农村儿童接受义务教育进一步得到保障，农村义务教育普及水平也得到了提高；农村义务教育由公共财政全面保障，一些地方保障水平明显提高；教育乱收费行为得到有效遏制，学校和政府在人民群众心目中的公信度得到提升；同时，促进了依法治教，提高了政府和学校的管理水平。特别是从前面的实证研究可以看到，针对地方政府进行的农村义务教育补助在缩小地方义务教育差异、提高义务教育服务效果、激发地方政府投入努力程度方面作用明显。

但是，应当清楚地认识到，义务教育补助并不能覆盖地方义务教育发展的全部经费，在经费保障方面还存在许多需要解决的问题。同时，深化义务教育保障机制改革是一项长期而艰巨的工作，解决好县级政府举办义务教育的总体经费问题是整个义务教育财政中的核心问题所在。

一、现行转移支付资金缩小地区差距效果不显著

我国幅员辽阔，各地区的自然条件、经济发展和文化差异很大，历史上形成了一种严重不平衡的发展格局。义务教育财政体制实行地方分权化改革以来，新财政体制下的义务教育经费仍然在较大程度上依赖于地方财政收入，难以有效地缩小义务教育发展的地区差异。另外，在"新机制"的保障下，中央或省级政府对于同一区域不同发展水平的地方政府，即使在2015年国务院下发的《关于进一步完善城乡义务教育经费保障机制的通知》中，也仍然以东、中、西部地区制定相应承担义务教育经费比例，采取"一刀切"的专项补助方式，更难以改变这一现状。

因此，要均衡发展义务教育，首先应通过一般性转移支付逐步缩小地方财政能力上的差距，这个是最根本的问题。就教育而言，使用专项的转移支付必须加大对贫困地区补助，使其能从义务教育财政转移支付制度下受益更多，缩小同其他地区的差距，而不是"一刀切"的方式。必须差别对待义务

教育转移支付的对象，根据不同地区不同县的财政能力来判别对其补助的水平，使财力较弱的县得到更多的补助，从而保证各地义务教育发展水平的均衡。

二、现行转移支付对象不具有针对性，使用效率不高

我国实行的转移支付主要包括税收返还、财力性转移支付和专项转移支付。税收返还从一定程度上可看作地方的自有财力，而财力性转移支付则用来均等地方之间的财力，专项转移支付则用于特定的目标，专款专用，有的还需要地方政府配套相应的资金。"新机制"下，农村义务教育补助主要属于配套性专项转移支付，地方多需要配套相应比例的经费。然而，全国各省之间以及各省内部的区县间财政能力间差异巨大。而只按东、中、西将全国划分成三个区域，实施不同的补助政策，这样的结果明显是不合理的。即使省级政府有足够的财力，能够充分做好统筹，平衡各县补助的水平，但由于不了解各县具体的财政能力，也可能会出现挤出效应，降低经费的使用效率。

因此，只有针对义务教育的办学主体县级政府，设计转移支付的公式，而不是在中央、省一级政府主观划分补助比例，才能做到科学地转移支付，也才能真正达到转移支付的目的。

三、现行转移支付资金未能激发地方政府，规模相对不足

在农村税费改革后，特别是"两免一补"实施后，一些贫困县政府发展义务教育的经费可以说捉襟见肘，再加上为了得到上级的补助必须配套的经费，使一些财力薄弱的县根本无法改善义务教育发展水平差的现状。另外，由于义务教育投入后短期收益不明显，存在外溢性，同时考核政府的指标偏向发展经济，因此，县级政府在发展义务教育方面缺乏激励，而拖欠教师工

转移支付和地方政府义务教育
zhuanyizhifu he difangzhengfu yiwujiaoyu
touru yanjiu　投入研究

资、扣发教师津贴补助、变相收取学生其他费用等现象也就难以完全避免了。

为实现义务教育的发展，必须按一定的办学标准给予经费上的保障。然而，现行机制下并没有规范的办学标准，不能保障应有的经费水平。从"新机制"的规定来看，中央和省级政府将"两免一补"、公用经费以及校舍维修纳入其保障范围，但是对于占教育经费比例最大的教师工资并没有明确的规定，实际上的经费投入规模也是相对有限的。

因此，要改变这些现象，必须将所有教育经费纳入经费保障机制中去，确定义务教育的办学标准，监督县级政府保障最低供给水平，同时必须加大对贫困县的转移支付的力度，通过配套激励当地政府更好地投入义务教育，只有这样才能解决落后贫困地区发展义务教育的问题。

四、新义务教育转移支付制度的设计

综上所述，"新机制"下的义务教育财政转移支付在一定程度上分项目，按比例明确了政府职责，细化了具体要求。但是，从全面保障义务教育经费的角度来看，现行的义务教育转移支付制度并不能提供充足的义务教育发展所需的资源，同时不能改善义务教育发展的差异，而且不能使转移支付的使用效率得到保证。因此，必须在"新机制"的基础上，进一步改革义务教育财政转移支付制度。

要想做到为义务教育提供充足的经费，使各地义务教育得到均衡的发展，有针对性地进行补助并提高效率，就必须以义务教育的办学主体为单位，建立科学、合理的专项转移支付公式。具体基本思路是：以县为单位，测算其义务教育经费标准需求和财政供给能力，计算其义务教育经费缺口，然后根据中央、省和县各级政府的财政能力确定上级政府对县义务教育的财政转移支付责任以及县级政府自身配套经费的比例。

要实现上述科学合理的配套性专项转移支付的设计，其核心首先搞清县级政府发展义务教育的义务教育经费标准需求、供给能力，以及由标准需求和供给能力形成的义务教育经费缺口。以下将对这一问题进行讨论。

第二节　义务教育经费标准需求的测算

一、测算义务教育经费标准需求的方法

义务教育经费标准需求的制定方法在国内研究的比较少，在已有的文献中提及比较多的是将经费整体分为人员经费、公用经费和基建经费后以标准的办学条件形式分类讨论。原人事部、财政部、教育部等单位制定的《关于事业单位工作人员收入分配制度改革方案》等多个文件为人员经费标准提供了参考；而教育部以实物消耗定额出台的多个文件也为各地方政府的中小学公用经费的制定提供标准。国外的研究更多是将经费标准需求同学校财政的充足性联系在一起的。而测量教育经费是否充足的方法包括办学条件法、专家判断法、成功学区方法、成本函数法以及证据法。

1.办学条件法

办学条件法即是根据学校日常运行，对学校所需资源及其数量作出详细的规定，等同于制定中小学办学标准。由于各地的价格、学校规模、办学条件存在较大差异，对办学标准本身难以确定，此外，即便办学标准确定了，在实践中操作起来也会比较烦琐与复杂。因而，这种方法在实践中尚未真正全面使用。但是，这种方法从学校对经费需求出发制定标准，可以比较好地满足学校的需求，因而，在许多地区的实践中参考了其基本方法，进行了简化处理作为制定经费的基本方法。

转移支付和地方政府义务教育
zhuanyizhifu he difangzhengfu yiwujiaoyu
touru yanjiu 投入研究

2.专家判断法

专家判断法是将相关的专家召集起来，通过他们对学校学生达到相应水平的教学条件的核定来判断学校所需的资源。这种方法考虑了学生所需达到的水平，这样可以根据不同地区的特征和价格差异进行调整。其不足之处在于专家设计的教育策略可能和学生水平关系不大。另外，使用专家判断法产生的模型，其成本可能会很昂贵，结果对于充足性的判断可能会包含专家的主观性，从而影响到对标准的判断。

3.成功学区法

成功学区法是通过学生学业达标的学区来确定的。根据学业达标学区的生均支出，加权平均后得到一个代表充足教育资源的标准。这种方法虽然很直观地衡量了为实现学业标准所需的资源，但也存在明显的不足，比如学区的规模、学区所在地区的价格水平的特征不同如何考虑到标准中去。另外，成功学区的特征并不一定能够适应所有学校。所以在操作该方法时，需要做相应的调整。

4.成本函数法

成本函数法是通过计量方法，在控制学生特征和其他因素的前提下，估算出达到一定学业水平所需的教育经费。这种方法能够客观量化教育经费的需求，但很难对公众解释。过于烦琐的数学分析对于相关的政策制定人员来说难以理解，因此，该方法很难得到官方的认可。

5.证据法

证据法确定教育经费标准是将在校实施标准的教学项目要素价格核算出来，然后加总要素的价格从而得到充足的支出水平。该法与专家判断法不同之处对于标准教学项目的核定更多是以实例作为依据，而不是以专家的主观判断为主。该方法可信度更高，更易于理解，使用也越来越广泛。

但该方法的缺陷在于基于研究基础上设计的模型并不会在任何环境下都发挥作用。

　　上述几种方法各有优势，又各有其不足。结合我国义务教育经费标准制定的实际情况，借鉴已有研究方法的优势并避免其不足，本书采用两种方法确定标准经费。其一是水平排序法，该法以专家判断法为基础；其二是办学条件标准法，沿袭国内以往对标准办学条件的研究，进一步探讨合理的义务教育经费标准。

二、依据水平排序方法测算义务教育经费标准需求

1.水平排序测算方法介绍

　　在数据的支持下，根据往年教育经费支出来衡量教育经费的标准需求是可行的。这种方法实际上是由专家判断法转变而来的。所谓专家判断法，是依靠专家的经验和对地方教育水平的了解，来制定标准教育经费需求。测算义务教育经费标准需求，实际上是为了了解各地对义务教育发展的需求状况，其目标是各地的义务教育能够得到充分和均衡的发展，因此在制定标准需求的方法上必须考虑到这一因素。由于条件的限制，不可能让熟悉每个地方教育发展水平的专家评价教育经费标准需求水平。在数据充足的条件下，尽可能多地获取全国不同发展水平地区的教育经费支出情况，再根据部分专家意见从中挑选出最为接近现实的经费标准需求，反映全国普遍情况。以部分专家讨论的结论为基础，按照不同排序分别取前20%的水平代表优质义务教育发展经费标准水平，而50%的水平代表基本义务教育发展经费标准水平，衡量并测算全国义务教育经费标准。❶

---

　　❶ 该讨论由王善迈教授组织，袁连生、杜育红、马晓强、孙志军、刘泽云、杜屏等专家学者参与，并提供了相关建议。

转移支付和地方政府义务教育
zhuanyizhifu he difangzhengfu yiwujiaoyu
touru yanjiu 投入研究

2.义务教育经费标准需求的测算结果

使用全国2002—2007年教育经费的县级数据，分别看一看这几年生均教育经费变化的趋势，同时以县级单位为对象，采用不同标准分别测算义务教育经费需求。根据6年的县级数据，分别对全国3000多个县级单位生均教育经费从低到高进行排序，以处于80%和50%分位数水平的县分别作为我们估算优质义务教育发展水平和基本义务教育发展水平的生均教育经费标准（以下分别简称优质水平和基本水平），具体情况见表8-1。

表8-1 不同水平下全国县级单位生均教育经费支出情况 （单位：元）

研究项目		2002年	2003年	2004年	2005年	2006年	2007年
小学	优质水平	1977.30	2202.58	2554.18	2938.35	3497.96	4563.41
	基本水平	1188.17	1342.86	1593.56	1861.72	2185.38	2854.11
初中	优质水平	2534.68	2791.93	3166.41	3724.79	4421.66	5607.21
	基本水平	1424.12	1522.62	1773.39	2129.94	2499.47	3338.18

数据来源：2002—2007年县级教育经济统计资料。

从表8-1可知，全国2007年小学阶段优质义务教育发展水平的生均教育经费标准为4500元左右，而基本义务教育发展水平的生均教育经费标准为2800元左右。初中阶段质优质义务教育发展水平的生均教育经费标准为5600元左右，而基本义务教育发展水平的生均教育经费标准为3300元左右。

测算教育经费标准的时候需要考虑到经费的稳定性、增长性，因此在确定教育经费标准的时候可以根据历年来经费变化的趋势做一定的估量。另外，生均义务教育经费标准是根据加权平均的方法所得的，即将全国义务教育在校生人数和教育经费全部加总起来相除，从而得到平均的教育经费支出。在数据允许的情况下可以根据不同经济发展水平地区、不同省份依该方法测算不同的教育经费标准需求。

三、依据办学条件标准法测算义务教育经费标准需求

1.办学条件标准测算方法介绍

义务教育经费由事业性经费和基建经费构成，而事业性经费可分为人员经费和公用经费。按办学条件标准测算义务教育经费的需求可以从人员经费、公用经费和基建经费三个方面出发，依据国家或者地方政府制定的有关义务教育办学条件的标准来核定义务教育这三个方面经费的需求。

（1）人员经费标准需求的测算。根据国家对中小学专任教师职务岗位工资的基本规定，以及国家相关部门关于薪级工资、绩效工资和津贴工资的基本规定，计算出不同职务等级的教职工工资性支出的平均值；再根据中小学专任教师职称结构和教职工人数、教师与职工的比例计算出教职工工资总额；最后根据教职工与学生比计算出生均人员经费的标准需求。研究在2006年事业单位工作人员收入分配制度改革方案的基础上，结合2008年颁布的义务教育实施绩效工资的指导意见，应用新的教师工资标准测量义务教育阶段的人员经费标准。

（2）公用经费标准需求的测算。参考国家有关规定，并结合学校调研数据的统计、归类和总结，基本确定现行我国中小学学生人均每年维持正常教学活动所必须消耗的实物类别、数量和相应定额标准以及非物耗部分的公用经费折算定额标准，建立普通中小学生均公用经费标准的分析框架，以此确定中小学生均公用经费的标准需求。对于公用经费的测算，国内已有很多学者在不同地区尝试做过测量，但由于学校规模不同、各地物价水平不同，加上可查的标准距今已有十多年，因此，测量结果存在差异，研究只是参考国家的规定和以往研究的成果对此进行了推算。

（3）基建经费的处理。由于基建经费在整个义务教育经费中比例不高，年度支出不稳定，这里将基建经费排除在日常教育经费之外，只以事业经费作为衡量义务教育经费需求的基础。

2.义务教育经费标准需求的测算结果

根据相关规定，可以得出全国义务教育经费的标准需求如下。❶

小学教育经费标准需求=生均人员经费标准需求+生均公用经费标准需求=1325+350=1675（元）

初中教育经费标准需求=生均人员经费标准需求+生均公用经费标准需求=1833+550=2383（元）

在此方法的基础上，可根据各省对人员经费的相关规定以及公用经费实施标准，测算不同省份各自的经费标准需求，可以为省一级政府确定转移支付方案提供参考。

第三节　义务教育经费供给能力的测算

一、义务教育经费供给能力的测算方法

义务教育是政府提供的主要公共服务之一，其经费的主要来源为政府负担。在我国义务教育实行以县为主的管理体制，因此，县一级的政府担当着提供充足义务教育经费的责任。然而，我国城乡、地区经济发展水平和教育现状存在较大差异，仅依靠县一级政府是不可能保证义务教育均衡全面发展的。所以中央和省级政府应给予县一级政府在义务教育发展上合理的财政补助。

从县级政府的财政上来看，除了本级政府的财政收入外，还包括上级政

---

❶ 具体测算过程可参见附录一。

府给予的补助。这些补助有税收返还、专项补助、一般性转移支付、调整工资转移支付补助、税费改革转移支付补助等。但县级政府除了部分专项补助有相对应的使用范围外，其他转移支付则是纳入县级政府整个财政收入后统一使用。因此，县一级政府究竟能够提供多少义务教育经费，其供给能力不易测算。为解决这个问题，假设县级政府的财政支出结构是稳定、一致的，本级财政收入和上级政府转移支付补助等各项财政收入中分别用于义务教育的经费是同比例的。基于这一比例则可测算其义务教育经费的供给能力。

1. 以财政收入为基础测算供给能力

对于财政收入测算的研究已有较多的成果，大部分的研究以地方GDP为参考指标，或者结合地方的税制和税收结构，以商品零售额、工业企业税前利润等相关因素为指标来估算下级政府的财政收入能力（马骏，1997）。这些都是以下级政府整体财政为考虑的，而不只针对于为某一公共服务提供经费的财政。另外，用这样估算出来的财政能力衡量某项公共服务的财政供给能力也有待讨论。

由于县一级单位一些相关指标获取的困难，测算可以假设每一个县级政府的税收努力程度都相同，而且所获得的财政收入均为其合理的财政供给能力。因此，在测算义务教育经费供给能力时，只用实际的县级政府总的财政收入，而不用理论或者估算合理的财政收入。在县级政府财政收入已知的情况下，测算财政支出结构中义务教育经费所占的合理比例，从而也就可以得到县级政府义务教育经费的供给能力。

2. 以实际义务教育经费支出为基础测算供给能力

县级政府义务教育经费的实际支出也可以用来衡量义务教育经费的供给能力。实际的义务教育财政支出是县一级政府在获得上级政府一般性转移支付等补助后，所能提供给义务教育的经费，也就是供给能力。但是县级政府之间是否同等重视义务教育，是否有能力提供更多的义务教育经费，是否会

转移支付和地方政府义务教育
zhuanyizhifu he difangzhengfu yiwujiaoyu
touru yanjiu 投入研究

存在义务教育经费的"挤出效应"。面对这一系列问题，必须用一个努力程度系数来调整实际的义务教育经费支出，从而更合理地测量县级政府义务教育经费的供给能力。努力程度系数的设计主要是参照义务教育支出占财政支出比例，通过实际支出比例和估计的支出比例来衡量、评价县级政府对义务教育的投入是否努力。

上述方法都需要使用义务教育经费支出占财政支出的比例，这一比例不仅可以衡量政府财政支出结构是否合理，而且可以反映政府对于某一公共服务是否关注和努力。该比例的具体测算参见附录二。

二、义务教育经费供给能力的测算

1.以财政收入为基础测算的义务教育经费供给能力

在估算出义务教育经费支出占财政支出比例后，利用县级政府财政总收入的数据，直接就可以计算出义务教育经费的供给能力。公式为 $G=H\times Z/P$，其中，H 为地方财政总收入；Z 为义务教育经费占财政支出的比例；P 为地方义务教育在校生人数。这里直接引用上一部分的计算结果，在财政总收入的基础下部分县级单位义务教育经费的供给能力如表8-2所示。

表8-2　各县相关指标数据和估算的义务教育经费供给能力

	地区	人口（万人）	地方财政收入（万元）	财政总收入（万元）	地方生产总值（万元）	义务教育在校生数（人）	义务教育经费支出（万元）	估算的义务教育经费比例 Y（%）	地方义务教育经费供给能力 G（元）
	北京市延庆县	28	28129	190957	400000	30215	16309.1	10.67	10159.92
	天津市蓟县	81	48381	102995	1452000	107637	22547.1	24.34	2175.51
东部	河北省深州市	57	8804	40537	666894	69259	7350.8	23.89	1435.12
	辽宁省兴城市	56	14030	41329	271757	62223	5961.4	22.53	1588.14
	上海市崇明县	70	182807	349004	953000	47555	27650.8	8.28	10671.12

续表

	地区	人口（万人）	地方财政收入（万元）	财政总收入（万元）	地方生产总值（万元）	义务教育在校生数（人）	义务教育经费支出（万元）	估算的义务教育经费比例Y（%）	地方义务教育经费供给能力G（元）
东部	江苏省泗洪县	99	18853	72252	747500	119234	19255.6	23.71	1494.63
	浙江省龙泉市	28	14785	48981	292280	28365	8837.7	19.46	3471.25
	福建省福鼎市	57	23095	41323	601069	76244	8653.6	25.29	1359.17
	山东省东明县	75	20900	50825	468770	87328	8847.4	23.22	1418.16
	广东省罗定市	111	19217	64253	588800	195120	18726.1	30.53	947.77
	海南省琼中县	29	3273	29884	62635	23458	3268.6	18.62	2627.65
中部	山西省汾阳市	41	15506	46580	420541	71841	8065.5	28.83	1633.59
	吉林省安图县	22	8313	43733	174954	17923	5037.8	15.33	4414.33
	黑龙江省海伦市	82	4657	46476	386000	117209	17121	25.59	1059.36
	安徽省宁国市	38	38252	78302	569148	40167	8318.1	18.13	3715.42
	江西省德兴市	30	19530	41719	392675	35379	4781.2	21.48	2494.15
	河南省新蔡县	104	5612	45767	408350	175642	10957.9	28.97	757.69
	湖北省天门市	162	13675	73328	1104600	172081	14208.2	21.31	1074.84
	湖南省龙山县	55	7074	49135	169000	89837	9360.2	27.81	1440.10
西部	内蒙古自治区太仆寺旗	20	4047	26405	132300	14987	3931.3	15.50	3275.51
	广西壮族自治区凭祥市	11	11264	23721	110822	13510	2384	19.51	3494.77
	重庆市南川市	65	19783	59973	620130	77510	6794.9	21.54	1767.49
	四川省雷波县	24	5564	26954	100369	33990	6668.5	24.02	1870.55
	贵州省三都县	32	2639	27703	74000	64391	6799.7	31.62	1222.78
	云南省维西县	15	1440	25338	72018	21522	3483.4	23.10	2650.91
	陕西省柞水县	16	2218	16823	99300	30886	2851.7	30.61	1454.54
	甘肃省舟曲县	14	549	15898	27407	22970	2907	26.71	1736.14
	青海省哈格尔市	11	25365	36961	641473	18338	2756	21.60	4187.57
	宁夏回族自治区海原县	39	7672	37339	86983	76601	7583	30.86	1347.28
	新疆维吾尔自治区阿勒泰市	20	8835	28365	173796	17434	5445.9	16.84	3081.39

转移支付和地方政府义务教育
zhuanyizhifu he difangzhengfu yiwujiaoyu
touru yanjiu 投入研究

表8-2中给出了2005年部分省份的县级单位所测算出来的结果，表中县和县之间的差距很大，而且东、中、西部的县并不像省级单位一样，呈现出东部明显优于中西部的状况，这也是从义务教育的实际责任承担机构县级政府考虑的原因。必须从承办义务教育的主体出发，才能合理分析义务教育经费的缺口，满足义务教育发展的需求。

对于一个县级政府，如果估算出来的义务教育经费标准需求高于其实际的义务教育经费支出，说明其义务教育发展力度不足；如果其义务教育经费支出高于或者同义务教育经费的供给能力相接近，则说明该县级政府已努力发展义务教育，其他不足的经费应由上级政府予以补助。

2.以义务教育财政支出为基础估算义务教育经费供给能力

分析以财政总收入为基础的义务教育经费供给能力，实际上县级政府的义务教育经费支出就是能够提供的义务教育经费能力。当然这是在各个县级政府努力发展义务教育的基础下的。实际上政府的财政支出结构是能反映政府工作的努力方向和重点的。例如，一级政府在医疗卫生上的公共投入明显高于其他同级政府，就说明这个政府更加关注当地医疗卫生公共事业的发展。在其他条件相同的情况下，政府投入义务教育经费比例越高，或者说高于其他同级政府，则说明该政府对义务教育的发展越重视。因此，在县级政府实际的义务教育经费支出已知的条件下，有必要比较县级政府发展义务教育的努力程度。

（1）县级政府义务教育投入努力程度系数的计算。所谓努力程度系数，就是衡量县级政府在义务教育上的实际支出和估计的支出能力之间的比例关系。实际的支出是确定的，那么估计的支出就能决定政府义务教育的努力程度。义务教育经费支出的实际比例可看作政府投入义务教育的实际水平，而估算比例则可以认为是政府投入在理论上应该达到的水平。如果一级政府实际义务教育经费的投入仅占财政支出比例的15%，而估算出来该政府应投入

20%于义务教育，从而可以得到该政府的努力程度系数为75%，没有达到应有的努力程度。

实际支出的比例是已知的，而对于估算的投入比例在前面已分析过，因此，我们就可以得到各县在义务教育经费投入上的努力程度系数，计算公式为$R=Q/Z$，其中，R为努力程度系数，Q为实际的义务教育经费支出比例，Z为调整后估算出来的义务教育经费支出比例，部分县级单位努力程度系数的具体结果见附录。有少部分的县级单位努力程度超出了100%，大多县级单位没有达到理论估计的义务教育经费支出比例。

（2）基于义务教育财政经费支出的供给能力估算结果。在县级单位义务教育经费实际支出已知的前提下，通过其努力程度系数，可以估算出该单位的义务教育经费的供给能力。当其努力程度系数小于100%时，说明该县级单位的供给能力比实际支出要大；而当努力程度系数大于100%时，则说明该县级单位已经超能力实现了义务教育的投入，理论的供给能力应比实际支出要小。供给能力的公式定义为：$(V/P)(R/100)$，其中W是以实际义务教育经费支出为基础估算出的生均义务教育经费供给能力，V是实际的义务教育经费支出，P是义务教育在校生数，R是估算的努力程度系数，表8-3中是部分县级单位供给能力的估算结果。

表8-3 各县相关指标数据和估算的义务教育经费供给能力

	地区	地方财政支出（万元）	义务教育经费支出（万元）	实际支出的比例Q（%）	分类调整后估算的比例Z（%）	努力程度系数R（%）	估算的义务教育供给能力W（元）
东部	北京市延庆县	169613	16309.1	9.62	16.08	59.81	6979.28
	天津市蓟县	89437	22547.1	25.21	22.74	110.88	1989.28
	河北省深州市	33280	7350.8	22.09	24.52	90.08	1118.25
	辽宁省兴城市	35351	5961.4	16.86	23.91	70.53	1140.82
	上海市崇明县	327480	27650.8	8.44	14.54	58.07	7630.23

转移支付和地方政府义务教育
zhuanyizhifu he difangzhengfu yiwujiaoyu
touru yanjiu 投入研究

续表

地区		地方财政支出（万元）	义务教育经费支出（万元）	实际支出的比例 Q（%）	分类调整后估算的比例 Z（%）	努力程度系数 R（%）	估算的义务教育供给能力 W（元）
东部	江苏省泗洪县	64546	19255.6	29.83	24.67	120.95	1468.44
	浙江省龙泉市	43077	8837.7	20.52	20.10	102.06	3084.11
	福建省福鼎市	36944	8653.6	23.42	25.08	93.40	1174.38
	山东省东明县	45176	8847.4	19.58	24.37	80.37	1130.08
	广东省罗定市	63116	18726.1	29.67	28.78	103.09	945.25
	海南省琼中县	24803	3268.6	13.18	20.63	63.89	1743.22
中部	山西省汾阳市	37357	8065.5	21.59	25.20	85.69	1212.79
	吉林省安图县	41248	5037.8	12.21	18.09	67.51	3420.93
	黑龙江省海伦市	45867	17121	37.33	26.72	139.72	1235.78
	安徽省宁国市	64487	8318.1	12.90	19.06	67.68	2517.28
	江西省德兴市	34332	4781.2	13.93	21.15	65.84	1665.48
	河南省新蔡县	46589	10957.9	23.52	29.08	80.89	693.68
	湖北省天门市	62205	14208.2	22.84	25.22	90.55	867.67
	湖南省龙山县	41366	9360.2	22.63	26.33	85.94	1123.93
西部	内蒙古自治区太仆寺旗	43501	3931.3	9.04	18.59	48.61	3762.33
	广西省凭祥市	20501	2384	11.63	19.90	58.42	2308.64
	重庆市南川市	52090	6794.9	13.04	22.84	57.10	1160.09
	四川省雷波县	26413	6668.5	25.25	23.59	107.03	1896.36
	贵州省三都县	25134	6799.7	27.05	28.42	95.19	1082.37
	云南省维西县	24994	3483.4	13.94	22.52	61.90	2057.26
	陕西省柞水县	13188	2851.7	21.62	26.70	80.97	1026.06
	甘肃省舟曲县	17715	2907	16.41	25.08	65.42	1564.71
	青海省哈格尔市	35970	2756	7.66	20.78	36.88	2474.82
	宁夏回族自治区海原县	24909	7583	30.44	27.64	110.14	943.25
	新疆维吾尔自治区阿勒泰市	48100	5445.9	11.32	18.94	59.78	4040.09

相比于前面直接用财政总收入估算出来的义务教育经费供给能力，这里利用义务教育经费的实际支出使得估算结果更接近现实。供给能力的估算将县级政府在义务教育投入上的努力程度考虑进去，也为后期完成义务教育经费补助奠定了基础，避免了县级单位由于缺口的补助而会产生义务教育经费的"挤出效应"。

第四节　义务教育经费缺口的测算

义务教育经费的缺口是根据其需求和供给能力来测算的，当然对于全国部分发达地区，例如，北京、上海等经费的供给能力完全能够满足需求，自然这些地方的义务教育经费也就不在我们讨论的范围。那么如何界定县一级的单位是否存在经费缺口，又如何由中央以及省级财政进行补助呢？

作为上级政府，为弥补县级政府发展义务教育经费上的不足，必须制定规范合理的补助办法和流程。前面的讨论中已经为确定义务教育经费缺口提供了方法上的支持，接下来就需要按照合理的步骤来确定这一缺口的大小。首先，需测算出标准的义务教育经费需求，这个标准需求可以按办学条件标准法测算，也可以按水平排序法测算的生均经费。其次，根据已有的义务教育经费支出情况测算出未能达到标准的县级单位。最后，根据这些县的财政能力测算出其实际的义务教育经费的供给能力，对不能满足经费标准需求的予以弥补，并认定为合理的义务教育经费缺口。以下讨论中，我们将尝试利用前面所测算的方法来估计存在义务教育经费缺口的县级单位，并估算出实际的经费缺口。

一、核算经费不足的县级单位

为核算义务教育经费的缺口，首先需要找到义务教育经费不足的县级单位。这里以标准需求为基础，以实际的经费支出为参考，如果实际的义务教育经费支出能够满足标准需求，则判定该县发展义务教育经费上不存在不足的现象。

以办学条件标准方法测算的义务教育经费标准需求小学生均1675元、初中2383元为基准，根据各县实际在校生数计算出义务教育所需的经费总和，然后同2005年度实际义务教育经费支出的数据比较，选取出实际经费支出小于标准经费需求的县级单位。这里以2005年县级义务教育经费统计数据计算，将各省中实际经费支出小于标准需求的县级单位个数和各省（直辖市、自治区）经费缺口列于表8-4。

表8-4　以办学条件标准法测算需求所得的各省（直辖市、自治区）经费不足县级单位数量及总额

省（直辖市、自治区）	经费不足的县级单位数量（个）	经费欠缺总额（万元）	省（直辖市、自治区）	经费不足的县级单位数量（个）	经费欠缺总额（万元）	省（直辖市、自治区）	经费不足的县级单位数量（个）	经费欠缺总额（万元）
安徽	52	597008	黑龙江	26	54637	青海	8	10515
福建	35	107498	湖北	54	443421	山东	62	373324
甘肃	62	303866	湖南	80	341260	山西	80	205619
广东	46	435197	吉林	10	29896	陕西	77	324512
广西	64	395569	江苏	20	173855	四川	91	568511
贵州	75	580719	江西	78	359158	西藏	4	1197
海南	15	46790	辽宁	29	71093	新疆	24	60077
河北	115	405570	内蒙古	17	10212	云南	75	232937
河南	109	1440516	宁夏	10	27078	重庆	22	120533

从表8-4可以看出，全国31个省级单位（不包括台湾、香港特别行政区和澳门特别行政区）中只有北京、上海、天津和浙江4个省市不存在义务教育经费不足的县，其余省（直辖市、自治区）都分别存在部分县级单位经费

不足。其中，河北省经费不足的县级单位最多，共有115个；而河南省的经费缺口总额最大，有144亿元。

二、根据供给能力确定经费不足县级单位

在测算义务教育经费缺口的第一步骤中，已核算出全国共有1340个县的义务教育经费的实际支出小于标准需求。接下来将对这1340个县进行检验，通过义务教育经费供给能力的测算来验证其是否低于标准需求。

需要说明的是，在测算义务教育经费供给能力时，所使用的样本中剔除了人口小于10万人的县级单位，因此这里的1340个县只有1267个县在我们的测算范围内。对于第二部分所提供测算义务教育经费供给能力的方法，选用以实际经费支出通过努力程度系数所估算的供给能力。之所以不选用以地方财政收入为基础应用支出比例估算的供给能力，是因为在筛选经费不足的县级单位时，我们已首先利用实际经费支出做了选择，而这些实际经费支出是以地方总的财政收入为前提的。❶

对1267个县的义务教育经费供给能力进行统计，共有198个县估算的义务教育经费供给能力大于实际的义务教育经费支出，其余各县估算的供给能力则小于实际的义务教育经费支出。对于估算的义务教育经费供给能力小于实际经费支出的县，采用实际经费支出作为其供给能力，而对估算的义务教育经费供给能力大于实际经费支出的县，则采用估算的义务教育经费供给能力作为参考。

再次对1267个县义务教育经费供给能力同标准需求进行比较，核实出供给能力小于标准需求的县级单位。经检验，1250个县的义务教育经费供给能力均小于标准需求，因此将这些县核定为义务教育经费不足的县级单位。

---

❶ 应用地方财政收入估计的供给能力,可以方便我们估计在没有一般性转移支付条件下,地方政府兴办义务教育的实际经费缺口。

转移支付和地方政府义务教育
zhuanyizhifu he difangzhengfu yiwujiaoyu
touru yanjiu 投入研究

三、确定义务教育经费不足县级单位的经费缺口

在确定义务教育经费不足的县级单位后，分别统计各县的义务教育经费供给能力同标准需求之间的缺口，核定为需要上级政府转移支付补助的实际数量。对于存在经费缺口的1250个县的统计结果如表8-5所示。

表8-5 以办学条件标准法测算需求所得的调整后各省（直辖市、自治区）经费不足县级单位数量及总额

省（直辖市、自治区）		经费不足的县级单位数量（个）	经费缺口总额（万元）	省（直辖市、自治区）		经费不足的县级单位数量（个）	经费缺口总额（万元）	省（直辖市、自治区）		经费不足的县级单位数量（个）	经费缺口总额（万元）
东部	河北	111	389218	中部	黑龙江	23	42775	西部	四川	88	550026
	辽宁	28	67525		安徽	48	523318		贵州	73	555019
	江苏	20	173855		江西	77	350980		云南	70	221424
	福建	33	105283		河南	103	1343876		陕西	66	310297
	广东	43	430569		湖北	53	434619		甘肃	57	286468
	山东	60	362963		湖南	79	340462		青海	5	9083
	海南	14	44247	西部	内蒙古	7	3558		宁夏	9	26313
中部	山西	67	184322		广西	63	395757		新疆	22	55795
	吉林	9	28826		重庆	22	120533		—	—	—

根据1250个县义务教育经费的缺口，可求得2005年相对于义务教育办学条件的标准需求，全国义务教育经费缺口大致为736亿元。如果以农村义务教育经费保障机制的经费分担原则为基础，❶如果采用东部地区自行承担，中部地区按中央和地方6∶4分担，西部地区按8∶2分担，则义务教育经费缺口736亿元中有398亿元应由中央政府负担，338亿元由各省级政府自行承担。

---

❶ 该比例为农村义务教育减免学杂费，以及对贫困家庭学生免费提供教科书并补助寄宿生生活费的分担比例，并不是公用经费、危房改造等费用的分担比例。

四、县级政府义务教育经费缺口测算方法的评价

使用不同方法估算的标准需求和供给能力来测算县级政府义务教育经费的缺口，具有很强的现实意义。但是，该方法的使用有很大的局限性。首先，方法的使用必须具备详实完备的数据资源，只有在社会经济以及教育经费方面数据非常完善时，才能完成我们对标准需求和供给能力的估算，才有可能测算经费缺口。其次，方法操作成本高，技术难度大，对于一般教育财政政策制定人员以及相关执行者，完全掌握和使用该法具有一定困难，同时不同年份的重复测算也加大了计量成本。最后，测算结果有待鉴定。根据以往数据回归估计的教育经费供给能力必定和真实值有所偏差，在此基础上得到的缺口也就同样需要鉴定。当然，即便该方法的使用具有以上一些局限性，还是为基于县级政府的教育经费问题提供了参考，值得进一步研究和推广。

第九章　结论与展望

第一节　主要结论

本书在对转移支付和义务教育投入的相关文献整理的基础上，从财政转移支付功能的角度出发，讨论了转移支付如何缩小义务教育横向不均衡、弥补义务教育纵向不均衡以及补偿义务教育的外溢性，研究认为相比于一般性转移支付、非配套专项转移支付，配套性专项转移支付能更好地促进地方政府的义务教育投入。

2002—2007年省级和湖北省县级数据研究表明，税收返还、财力性转移支付和一般性转移支付对于缩小地方政府义务教育投入差异并没有显著效应，而专项转移支付和农村义务教育补助能明显缩小地方义务教育差异。税收返还和财力性转移支付对提升义务教育投入水平作用有限。一般性转移支付相比于专项转移支付更能提高义务教育投入水平，中小学教师工资补助降低了地方本身对义务教育的投入，而农村义务教育补助则能够明显提升地方

转移支付和地方政府义务教育
zhuanyizhifu he difangzhengfu yiwujiaoyu
touru yanjiu 投入研究

政府义务教育投入水平。我国专项转移支付结构中涉及义务教育等公共服务的比例较少，导致专项转移支付对地方政府努力程度呈显著的负效应，而作为配套性专项转移支付则能够明显提高地方政府义务教育投入的努力程度。考虑到不同转移支付的特征，针对义务教育的配套性专项转移支付能更好地促进地方政府义务教育投入。

第二节　政策建议

我国地方政府承担了义务教育的主要责任，但在财力的分配上，分税制财政体制实施以后，中央和省级政府财力的集中更为明显，形成了各级政府间义务教育事务责任和财力分配的不对称。解决各级政府间义务教育责任与财力不对称的办法，就是财政转移支付。

义务教育经费保障新机制实施以来，中央加大了对义务教育，尤其是对农村地区义务教育的投入，而省级政府和县级政府也相应配套加大了投入。义务教育阶段学校的办学条件和教师工资水平得到了明显的改善和提高，农民的负担相应减轻，乱收费现象也得到了一定的遏制，可谓成效显著。

但是，在现行的义务教育财政体制下，仍然存在部分地区义务教育经费严重短缺，教育资源配置效率不高，地区、城乡、学校之间资源分配差距拉大等问题。造成这些问题的主要原因是现行体制下各级政府间财力资源与义务教育责任的不对称，中央和省级政府集中了主要财力，但承担较小的义务教育财政责任；县级政府财力薄弱，却承担义务教育的主要责任。

因此，建立规范的以县级政府为对象的义务教育专项转移支付制度，是解决义务教育经费问题的根本保证。而在县级政府义务教育经费缺口测算的基础上，也能够使得义务教育财政转移支付更有针对性。

一、建立以县为对象的义务教育专项转移支付模式

以县为单位建立义务教育财政转移支付模型，测定转移支付额。义务教育财政转移支付额由义务教育标准支出、义务教育标准收入及相关系数计算确定。凡标准支出小于标准收入的县，可以得到上级政府的转移支付。对县级义务教育收支缺口，应根据所在地区、省的财政状况，确定中央、省、地区三级政府的弥补责任，尤其是明确省级政府对本省内义务教育转移支付要承担主要责任。弥补的方式可以是总额比例弥补，也可以是分项比例弥补。各级转移支付资金要直接划拨到县，不经过中间环节。

二、进一步增大中央对地方的一般性财政转移支付

在现行财政体制下，财政转移支付数额并不小，问题在于均等化的转移支付相对较少，发达地区所得过多，达不到转移支付的目的。这样一种转移支付格局当然无法缩小地区差异，经济落后地区的义务教育也无法得到必要的资助。各省内的财政转移支付也存在与中央类似的情况。从以往的数据来看，中央大量的转移支付资金沉淀在中间层，没有用到最需要、最困难的地方。农村义务教育以县为主，所得到的上级财政转移支付也极为有限。因此，只有减少非均等财政转移支付，进一步加大一般性财政转移支付的比例，才有可能增加对经济落后地区的义务教育财政转移支付。

三、有目标地加大中央和省级政府对义务教育的投入

对于中央政府和省级政府，应继续增加投入，但必须改变投入方式。从长远来看，应该完善"分项目、按比例"的转移支付模式，逐步代之以更合理的公式补助方法，按县级政府义务教育经费的缺口来进行拨款的转移支付制度使各地每年得到的资金数额明确，稳定地方政府预期，强化地方的农村

转移支付和地方政府义务教育
zhuanyizhifu he difangzhengfu yiwujiaoyu
touru yanjiu 投入研究

义务教育预算约束，减少地方政府和学校的机会主义行为。在义务教育经费缺口的基础上，使得中央和省级政府义务教育加大的投入更具价值。

四、尝试建立贫困县义务教育财政专项转移支付制度

在不能根据公式法进行转移支付的情况下，应在近期尝试建立1000多个义务教育经费需要补助县的财政专项转移支付制度。一方面，这些县的义务教育发展是全国的难点，经费相对其他县来说更为短缺；另一方面，这种专项转移支付制度实施可为建立全国义务教育财政转移支付制度积累经验。在义务教育经费缺口可测的基础上，建立专项转移支付制度，其核心是确定补助经费的多少，以及在中央和省级政府间明确补助经费分担的比例。

五、逐步完善对义务教育财政转移支付资金的监督

"新机制"实施后，2006年整个农村义务教育经费保障机制改革累计新增经费约为2182亿元，其中中央财政约占六成。面对这样一大笔的转移支付资金，如果没有一套比较完善的监督管理机制，是很容易出现漏洞的。我国目前只有《过渡期财政转移支付办法》这一财政部门制定的部门规章来规范管理巨额转移支付资金，并且这一办法的行政色彩浓厚，随意性很大。因此，我们必须从法律、法规体系上完善对转移支付资金包括义务教育财政转移支付资金的监督，保障其合理地用于我国义务教育的发展。

第三节　研究的创新与不足

一、研究的创新之处

本书对涉及转移支付和义务教育财政的有关文献进行了较系统的梳理和研究，并对两者关系讨论的文献进行了深入挖掘，从五个不同的维度综述了

相关研究。在此基础上从财政转移支付功能和义务教育财政目标两个维度来讨论转移支付和义务教育服务的关系，为研究义务教育财政转移支付提供了一个合理的分析框架，在此框架下本书的创新体现在以下几方面。

首先，研究在转移支付功能的分析框架下，结合义务教育财政目标，分别对转移支付和地方政府义务教育投入差异，转移支付对地方政府义务教育投入水平，转移支付对地方政府义务教育投入努力程度的影响进行了实证分析。

其次，研究使用县级面板数据进行实证研究，更合理地反映义务教育承担机构——县级政府的实际情况。同时，相关章节利用省级数据对相应结论进行检验，并合理对比省级和县级数据对于转移支付和义务教育投入关系的影响。

最后，研究提出我国义务教育财政制度改革以及义务教育财政转移支付制度建立的依据。提出如何基于县级政府义务教育经费标准需求和供给能力来测试经费缺口，从而更合理地设计义务教育专项转移支付，保障地方义务教育的发展。

二、研究的不足之处

本书毕竟仅是本人博士阶段学习的一个总结，不可能做到尽善尽美，也正是这些未完善之处为本人以后的研究和学习指明了方向。具体来看，研究在以下几个方面有待进一步完善。

首先，在内容撰写过程中，本人做了较为丰富的文献研究，但由于总体把握的能力有限，对已有文献的梳理没能很好地结合到著作中。特别是在对于转移支付的分析框架的探讨中，没能从以往的研究中找到更适合描述其影响公共服务的维度。以后应该更全面地阅读和掌握转移支付的文献，并扩大学习和研究的领域，通过视野的拓展为研究框架提供新的支持。

转移支付和地方政府义务教育
zhuanyizhifu he difangzhengfu yiwujiaoyu
touru yanjiu　投入研究

　　其次，由于本人研究的领域集中在教育经济、教育财政，驾驭经济学、财政学等理论体系的能力有限，本书中的研究更多地偏向于实证研究，缺乏理论上的进一步分析和讨论，这是未来需要加强的地方。

　　最后，在写作过程中，本人对研究主体三个部分的研究价值和政策意义已有一定想法，但通过经验研究后，没有得到很好的验证。同时缺乏对数据的深度挖掘，从而使得相关实证部分显得单调，很难推出更多有意义的结论，这也是以后研究需要进一步探索的地方。

附　　录

附录一　办学条件标准法测算义务教育经费标准需求过程

一、人员经费标准需求的测算

2006年我国全面推行事业单位工作人员工资改革，伴随这次改革的进行，中小学教职人员的收入分配制度进行了套改，同时中小学教职工的工资收入也得到了普遍的提高。❶

1.计算不同职称教师月均工资

根据《高等学校、中小学、中等职业学校贯彻〈事业单位工作人员收入分配制度改革方案〉三个实施意见的通知》等相关规定，教师工资包括岗位工资、薪级工资、绩效工资和津贴工资，而中小学教师的总工资=岗位工资+薪级工资+（岗位工资+薪级工资）×10%+绩效工资+津贴工资。

岗位工资：中学高级职称一律按《事业单位专业技术人员基本工资标准表》套专业技术七级岗位，即930元。中学一级职称（或小学高级职称）一律套十级岗位，即680元。中学二级教师（或小学一级职称）套十二级岗

---

❶ 参考原人事部、财政部《关于印发事业单位工作人员收入分配制度改革方案的通知》（国人部发〔2006〕56号），原人事部、财政部《关于印发事业单位工作人员收入分配制度改革实施办法的通知》（国人部发〔2006〕59号），原人事部、财政部、教育部《高等学校、中小学、中等职业学校贯彻〈事业单位工作人员收入分配制度改革方案〉三个实施意见的通知》（国人部发〔2006〕113号）。

转移支付和地方政府义务教育
zhuanyizhifu he difangzhengfu yiwujiaoyu
touru yanjiu 投入研究

位，即590元。中学三级教师（或小学二级职称）套十三级岗位，最低岗位工资即550元。对于小学三级和未评级的教师均按最低岗位工资计算。

薪级工资：这部分是工资中差别最大的，与教龄、大专以上的学龄时间、职称任职时间有关，可以根据《事业单位专业技术人员岗位薪级工资套改表》查对。但是由于国家对教职工编制中只涉及岗位的要求，没有相应教龄等参数的标准，因此，这里根据薪级工资套改表的分布，用每一岗位标准中薪级套改标准分布的中位数来确定该级别薪级工资，具体情况如附表1-1所示。

附表1-1　各级教师岗位工资、薪级工资、基本工资　　　　（单位：元）

岗位级别	岗位工资	薪级工资	月基本工资	年基本工资
中学高级	930	752	1682	20184
中学一级或小学高级	680	583	1263	15156
中学二级或小学一级	590	457	1047	12564
中学三级、小学二级或未评级	550	417	967	11604

以上两个部分的工资构成了教育经费支出中教师的基本工资。

绩效工资、津贴工资、其他工资和职工福利费：实施绩效工资后，学校不得在核定的绩效工资总量外自行发放任何津贴补贴或奖金，不得违反规定的程序和办法进行分配。●因此，根据新规定可以将这几项经费统一按绩效工资计算。这里一类的工资包括职务岗位津贴、医改补贴、特岗津贴、特级教师津贴、班主任津贴、超课时津贴、地方岗位津贴、季节补贴等，依次测算出每一种工资的标准会比较困难。指导意见中关于绩效工资标准实际是以基本工资为参照，结合各地情况来制定的，可以用基本工资来估算绩效工

---

❶ 2008年12月国务院发布的《关于义务教育学校实施绩效工资的指导意见》。

资。绩效工资、津贴工资、其他工资和职工福利费三项经费占基本工资的比例情况如附表1-2所示。

附表1-2　2004年教师基本工资分项及三项工资占基本工资比例[1]

岗位	基本工资（千元）	补助、其他职工福利费总和（千元）	三项经费占比例（%）
中学教师	57089149	39424355	68.66
初中教师	36008345	26794077	74.27

数据来源：《教育经费统计年鉴（2005年）》。

社会保障费：这一项目虽然没有实际发放到教职工手上，但也是人员经费主要构成部分之一，这里认为是名义教师工资的构成部分。根据国家的规定，取各地区的平均数据，该费用应为教职工工资总额的30%，其中包括养老保险20%、医疗保险7.5%、失业保险2%、工伤保险0.5%。

教师月平均工资M=基本工资×（1+10%）×（1+绩效工资调整后比例+30%）

2.计算教职工年均工资

由于国家对教师职称分布没有规定标准，按2004年小学、初中教师职称实际分布情况以及国家对教职工编制的有关规定计算教职工年平均工资。

根据中小学教职工编制的相关规定，小学职工占教职工总数的比例不得超过9%，初中职工占教职工总数的比例不得超过15%。[2]从教育统计年鉴上可以看到，大部分省份都超过了规定，但对于非专任教师职称的构成，以及相应职称的平均工资无法估计，因此，这里暂且认为非专任教师工资为专任教师工资的10/11，主要考虑到非专任教师不享受工资10%的提升。

综上，全国小学、初中教职工年平均工资公式为：$Y = 12 \times$

---

[1] 以2004年数据来测算主要是因为教职工分布比例数据的来源为2004年，为统一所以采取同一年份。

[2] 参考中央机构编制委员会办公室、教育部、财政部发布的《关于制定中小学教职工编制标准的意见》。

转移支付和地方政府义务教育
zhuanyizhifu he difangzhengfu yiwujiaoyu
touru yanjiu 投入研究

$\sum\limits_{i=1}^{4}\left[M_i \times r_i \times (1-\dfrac{n}{11})\right]$ ($i=1,\cdots,4$，对应于以上教师职称的4个级别），其中，Y代表教师的年均工资，M_i代表某个职称的教师月平均工资，r_i代表该职称的教师占全体专任教师的比例，n代表非专任教师所占比例，具体的统计结果如附表1-3所示。

附表1-3　小学、初中教师职称的实际分布情况　（单位：%）

岗位	中学高级 (r_1)	小学高级 (r_2)	小学一级 (r_3)	小学二、三级或 未评级（r_4）	非专任教师 比例（n）
中学教师	0.32	38.94	43.68	17.06	8.79
初中教师	5.63	34.32	41.85	18.21	17.01

3.计算义务教育阶段生均人员经费

《关于制定中小学教职工编制标准的意见》中关于教职工的配置规定，小学教职工与学生比为：城市1:19，县镇1:21，农村1:23；初中教职工与学生比为：城市1:13.5，县镇1:16，农村1:18。而根据2004年统计资料可知小学、初中学生分布在城市、县镇和农村的比例，可计算出全国小学教职工与学生比为1:21，初中教职工与学生比为1:16。在得到教职工与学生比后，就可计算生均的人员经费了，具体公式为：生均人员经费标准=教职工年均工资÷学生与教职工比，可以得到全国小学生均人员经费为1324.58元，初中生均人员经费为1832.68元，具体情况见附表1-4。

附表1-4　小学、初中教师生均人员经费计算过程

岗位	月均工资（M）（元）	年均工资（Y）（元）	生师比	生均人员经费（元）
中学教师	2446.45	29122.77	21.99	1324.58

岗位	月均工资（M）（元）	年均工资（Y）（元）	生师比	生均人员经费（元）
初中教师	2566.69	30324.00	16.55	1832.68

二、公用经费标准需求的测算

2005年国务院发布《深化农村义务教育经费保障机制改革的通知》以来，根据国务院、教育部的要求，各省（直辖市、自治区）都在着手制定公用经费标准，并预期在2010年左右落实全国义务教育阶段公用经费的基准定额，同期也有很多学者针对公用经费的标准需求进行了相关研究。以下对政府部门制定的标准和学者研究的标准做一介绍。

1.各省（直辖市、自治区）制定的生均公用经费标准

随着国家义务教育经费保障机制的出台，各地加大对义务教育的投入，在公用经费方面的增长也特别明显，纷纷推出义务教育阶段办学条件的配置标准，因此，我们可以比较一下各地根据国家相关通知制定的生均公用经费标准。

财政部、教育部（〔2007〕337号文件）《关于调整完善农村义务教育经费保障机制改革有关政策的通知》中要求对农村义务教育阶段中小学的生均公用经费基本标准，小学低于150元或初中低于250元的省份，分别提高到150元和250元（其县镇标准相应达到180元和280元）。2008年，中央出台农村义务教育阶段中小学公用经费基准定额，小学每生每年300元，初中每生每年500元，分两年将基准定额落实到位（如附表1-5所示）。因此，生均公用经费较低的省份到2008年均提高到了要求以上，而且在未来两年里也将分步达到小学300元、初中500元的标准。当然也有一些富裕的省、直辖市均超过了这一标准，未来的公用经费也还会逐步提高。

转移支付和地方政府义务教育
zhuanyizhifu he difangzhengfu yiwujiaoyu
touru yanjiu 投入研究

附表1-5　2008年各省（直辖市、自治区）义务教育生均公用经费标准　（单位：元）

省（直辖市、自治区）	小学		初中		省（直辖市、自治区）	小学		初中	
	农村	城镇	农村	城镇		农村	城镇	农村	城镇
北京	—	—	—	—	湖北	250	265	400	415
天津	420	—	560	—	湖南	200	230	275	305
河北	238	—	380	—	广东	288	—	408	—
山西	254	—	391	—	广西	225	375	240	390
内蒙古	225	—	375	—	海南	200	—	295	—
辽宁	300	320	420	460	重庆	265	—	420	—
吉林	280	—	360	—	四川	263	—	403	—
黑龙江	305	390	354	470	贵州	225	—	375	—
上海	520	—	720	—	云南	124	154	204	234
江苏	300	—	500	—	西藏				
浙江	230	—	330	—	陕西	230	—	300	—
安徽	255	265	375	375	甘肃	240	255	375	390
福建	230	—	320	—	青海	225	240	375	390
江西	230	300	300	380	宁夏	330	320	476	460
山东	295	340	445	470	新疆	300	—	500	—
河南	230	245	375	390	—	—	—	—	—

　　数据来源：2007年、2008年各省级政府、财政厅、教育厅，以及部分市县级政府、财政局、教育局公布于网络上的相关文件。上海、云南、广东省为2006年数据，其他省份为2008年数据。

　　从上附表1-5可以看到，全国大部分省份2008年所制定的小学生均公用经费标准为150~300元之间，而初中为250~500元。实际上这些省份希望通过两年时间，实现生均公用经费从小学150元、初中250元水平，提高到小学300元、初中500元的目标，从而达到国家要求的标准。

2. 义务教育公用经费标准研究成果[1]

参考有关文件、规章，并考虑到近年教育发展的新要求和公用经费支出的相关物价上涨因素，从中小学校办学条件和设施的配置、学校教育运行的状况多角度、动态地考察和测算公用经费支出的需求，根据各支出项目的业务属性、与学校规模的相关性以及实物消耗和非实物支出等多种性质构建了中小学校公用经费的三级指标系统，以下对公务费、业务费、修缮费、设备购置费、其他费用五个公用经费指标集，按每学生/每学年支出的标准予以分别测算。测算结果显示，小学生均公用经费标准需求为350元，初中生均公用经费标准需求为550元，分类支出测算如附表1-6所示。当然像北京、上海等地区明显高于这一标准，这里就不做讨论，因为实际上计算义务教育经费的标准需求，主要是为了测算经费不足地区缺口，从而通过上级财政补助得到弥补。这些地区的义务教育经费供给能力充足，生均公用经费的标准也应该维持其实际拨款标准。

---

[1] 该部分内容参考自杜育红、孙志军于2010年在北京师范大学出版社出版的《中国义务教育财政研究》一书中。

转移支付和地方政府义务教育
zhuanyizhifu he difangzhengfu yiwujiaoyu
touru yanjiu 投入研究

附表1-6 小学、初中生均公用经费指标测算

（单位：元）

小学生均日常公用经费：350

公务费：111										业务费：108											修缮费：32		设备购置费：57			其他费用：42		
办公用品费	报刊费	邮电通信费	水费	电费	取暖费	运输燃料费	五金电器用品费	卫生保健用品费	会议差旅费	教学用品费	教师用书	教学业务杂志	体育维持费	音乐维持费	实验费	劳技教育费	电化语音教育费	现代信息技术费	宣传费	科研费	房屋修缮费	操场整修费	仪器设备购置费	课桌椅购置费	图书购置费	教师职工教育费	杂活劳务费	其他
12	6	10	6	20	18	6	6	15	12	24	4	6	12	4	10	10	4	25	4	5	28	4	28	4	25	28	12	2

初中生均日常公用经费：550

公务费：161										业务费：197											修缮费：39		设备购置费：85			其他费用：68		
办公用品费	报刊费	邮电通信费	水费	电费	取暖费	运输燃料费	五金电器用品费	卫生保健用品费	会议差旅费	教学用品费	教师用书	教学业务杂志	体育维持费	音乐维持费	实验费	劳技教育费	电化语音教育费	现代信息技术费	宣传费	科研费	房屋修缮费	操场整修费	仪器设备购置费	课桌椅购置费	图书购置费	教师职工教育费	杂活劳务费	其他
20	8	15	8	30	20	10	10	20	20	30	6	10	20	5	25	25	8	50	8	10	35	4	40	5	40	50	15	3

166

三、基建经费的处理

由于各地建筑造价的差异以及现有统计资料的限制，目前也难以根据国家的办学条件标准来测算。从附表1-7中可以看出基建经费在教育经费中所占比例不稳定，因此，这里我们最后不将基建经费考虑到教育经费内，只计算义务教育阶段经常性费用，也就是生均教育事业费。

附表1-7　1996—2005年基建经费占教育支出总经费比例

年份	小学			初中		
	教育经费总支出（千元）	基建支出（千元）	基建所占比例（%）	教育经费总支出（千元）	基建支出（千元）	基建所占比例（%）
2005	6134117	192125887	3.19	7178170	134005943	5.36
2004	6002934	169820413	3.53	6691251	116940323	5.72
2003	4892179	146881226	3.33	6338051	102328012	6.19
2002	5674979	135811720	4.18	6187319	92927473	6.66
2001	5268266	118596901	4.44	5263545	79846208	6.59
2000	4732495	100124214	4.73	5109873	66776212	7.65
1999	5780933	91554932	6.31	5049908	59743023	8.45
1998	7245017	83779707	8.65	6196769	54410886	11.39
1997	11016484	81973311	13.44	8781248	54098578	16.23
1996	11637800	75105084	15.50	9762360	49844733	19.59

资料来源：1997—2006年《中国教育经费统计年鉴》。

四、义务教育经费标准需求

综上所述，可以得出全国义务教育经费的标准需求为：小学教育经费标准需求=生均人员经费标准需求+生均公用经费标准需求=1325+350=1675元；初中教育经费标准需求=生均人员经费标准需求+生均公用经费标准需求=1833+550=2383元。

转移支付和地方政府义务教育
zhuanyizhifu he difangzhengfu yiwujiaoyu
touru yanjiu　投入研究

附录二　义务教育经费支出占财政支出比例的估算

一、引言

教育支出占财政支出比例又是一个衡量政府财政支出结构的指标，类似指标如医疗卫生支出比例、社会保障支出比例可以用来评价政府工作努力的方向，同时这一比例还可以应用到公共财政资源分配的问题上。我国是一个人均教育资源相对缺乏的国家，根据科教兴国战略，要优先发展教育就必须保证充足的教育投入。1993年的《中国教育改革和发展纲要》中就曾提出国家财政性教育经费支出占国民生产总值的比例要到21世纪末达到4%，同时在"八五"期间我国各级财政支出中教育经费所占的比例要达到全国平均不低于15%的水平，然而这两个指标在不同程度上并没有得到很好实现。

1.财政用于教育支出比例的基本状况

在过去的一段时间里教育支出占财政支出的比例逐渐下降，然而伴随着财政收入占国内生产总值比例的提高，以及国内生产总值的稳健上升，我国教育支出占GDP的比例没有下降，而且教育支出的绝对值也有相应的增长。但一个政府财政支出中教育所占的比例在同等条件能够反映政府对教育的重视和努力程度，因此，我们有理由在不同地区政府间来研究这一比例，以及该比例的变化。

一定时期内，同一地区教育支出占财政支出的比例比较稳定，但不同地区之间这一比例存在差异。为了解释这种差异，使用31个省、自治区和直辖市（不包括台湾、香港特别行政区和澳门特别行政区）三年的数据分析这一比例同其他指标相关性，具体结果如附表2-1所示。从结果可以看出教育支出占财政支出的比例同其他几个指标都具有负的相关性，其中与人均财政收入的相关性最为明显。

附表2-1　财政支出中教育支出比例同其他指标的相关系数

相关性	财政支出中教育支出比例	人均GDP	人均财政收入	财政收入占GDP比例
财政支出中教育支出比例	1.0000	—	—	—
人均GDP	−0.0763	1.0000	—	—
人均财政收入	−0.5492	0.7245	1.0000	—
财政收入占GDP比例	−0.1970	0.6235	0.6218	1.0000

2.对财政支出中教育支出所占比例的经验判断和解释

根据以上全国和各地区的数据描述和分析我们可以对教育支出占财政支出的这一比例进行某些经验判断。首先，从全国来看，1994年新的财税制度形成以后它是随着整体的国民经济稳定发展而逐渐降低的，同时是随着财政收入占国民生产总值比例的升高而降低的。其次，从各地区的数据比较来看，总体上人均总财政收入较高的地区相应教育支出占财政支出比例较低，另外，财政收入占当地生产总值比例较高的地区教育占财政的比例则相对较低。

对于全国来说随着整体经济的发展，社会各方面的公共服务需求增多。相对于最初的"吃饭"财政（财政主要应对人员开支），用于其他各项公共服务建设的资金会显著增大。对于教育的财政支出传统上是以教师工资的人员支出为主，因此，从财政的支出结构来看随着社会公共服务水平的提高教育占财政比例会逐渐降低。当然这里降低的只是财政支出结构中教育所占的比例，而实际用于教育的财政性经费是没有减少的。

而对于各地区来说，政府提供公共服务的资金来源于总的财政收入，它是包括上级政府转移支付后的财政收入。因此，这里用人均总财政收入比人均生产总值来衡量当地的公共服务发展水平更具代表性。和全国一样我们可

转移支付和地方政府义务教育
zhuanyizhifu he difangzhengfu yiwujiaoyu
touru yanjiu 投入研究

以认为，人均总财政收入越高的地方公共服务发展水平越高，相应的教育支出占财政的比例就会有所降低。

对于财政收入占生产总值的比例并没有一个合理的标准，比例越高说明该级政府能够聚集越多的社会财力，同时提供的公共服务水平和能力也越高。从前面的分析我们知道，随着公共服务水平的提高，教育发展的基本需求得到满足后，教育支出占整个财政支出的比例是会有所降低的。但是，各地区由于税种的划分，地方的财政收入和地区生产总值的关系并不稳定。实际上这一比例和当地的产业结构存在着很大的关系。因此，应用这一指标来解释教育支出占财政的比例，有待用更大的样本数据来验证其显著性和合理性。

二、基于县级数据对财政支出中教育支出所占合理比例的计量分析

通过全国和各地区的数据描述，认为教育支出占财政支出比例是一个反映各级政府教育公共服务提供水平的指标，它同当地的人均总财政收入、财政占生产总值的比例等指标存在一定的关系，同时可以用这些指标来解释它的变化。但在我国实际提供教育服务的主要是县一级的政府，因此，应用县一级的数据来对教育支出占财政的比例进行经验分析更具有合理性。

1. 计量数据说明

这里数据来源于 2004 年、2005 年全国县级教育经费数据；2005 年、2006 年《中国县（市）社会经济统计年鉴》和 2004 年、2005 年《地市县财政统计年鉴》。❶选取县级教育经费数据中的小学、初中在校生数，小学、初中经费总支出指标；县市社会经济统计年鉴中各县的年末人口数、地方财政一般预算收入、地方财政一般预算支出指标；分县财政统计年鉴中各县财政收支

---

❶ 国家统计局农村社会经济调查司编、中国统计出版社出版的 2005 年、2006 年《中国县（市）社会经济统计年鉴》；财政部预算司编、中国财政经济出版社出版的 2004 年、2005 年《地市县财政统计资料》。

部分中的收入合计、支出合计，平衡部分中的收入总计以及各县的地区生产总值。❶义务教育在校学生总数是由初中在校学生数和小学在校学生数加总求得，生均教育支出是由小学和初中的经费总支出除以义务教育在校生总数求得，在校生数占总人口比例是由义务教育在校学生总数除以年末人口数求得。

由于市县社会经济统计年鉴中不包含部分市辖区和直辖市辖区等单位，因此，最终所综合得到的样本为县（旗）、县级市和上报资料完整的市辖区，共有4138个样本。另外，县市统计年鉴中各县年末人口数统计所用的单位是万人，因此，对于人口数较小的县级单位会存在很大的测量误差。例如对于一个14000人的县和一个6000人的县均采取1万人统计，在计算人均值时就会产生很大的偏差。因此，本书将人口数低于10万人的样本首先剔除掉。其次对于教育经费支出大于总的财政支出、财政收入大于财政总收入等一些特殊数据进行剔除。最后，为了保证通过数据回归得到方程的稳健性，分别剔除教育支出占财政支出比例前后各1%的特殊样本。经过处理后最终样本量为3556个，主要分析指标的描述如附表2-2所示。

附表2-2　县级数据描述统计　　　　　　　　（样本量：3556个）

各县指标	均值	标准差	最小值	最大值
年末人口数（万人）	51.3	32.3	11.0	211.0
本级财政收入（万元）	17784.1	32392.4	520.0	483838.0
财政总收入（万元）	44533.4	45953.7	4219.0	633182.0
财政支出（万元）	39744.3	36591.1	7207.0	556952.0
地方生产总值（万元）	474944.4	616831.0	25358.0	8496266.0
教育支出（万元）	9144.6	6761.9	1445.6	80937.8
普通中小学在校学生总数（人）	70794.3	50862.9	7199.0	448313.0
教育支出占财政支出比例（%）	24.6	8.5	5.6	65.3

---

❶这里的收入合计是不包括转移支付的地方财政收入，而收入总计则是包含了上级政府对地方政府的转移支付。

转移支付和地方政府义务教育
zhuanyizhifu he difangzhengfu yiwujiaoyu
touru yanjiu 投入研究

续表

各县指标	均值	标准差	最小值	最大值
人均财政总收入的对数	6.7	0.5	4.3	9.0
生均教育支出的对数	7.2	0.4	6.0	9.0
在校生数占总人口比例（%）	13.7	3.3	4.5	27.8
本级财政收入占生产总值比例（%）	3.9	2.8	0.7	37.4
总财政收入占生产总值比例（%）	14.6	9.9	1.0	72.3

2. 计量回归结果

县级政府提供公共服务是来源于包括转移支付的总财政收入，因此相对于财政收入和地方生产总值，人均财政总收入对教育占财政的比例更具解释能力。另外，从以往经验分析的模型看，大部分研究是使用人均GDP的对数解释教育支出占GDP比例，因此，这里更倾向于用这些指标的对数来解释教育支出占财政支出的比例。我们将人均财政总收入对数作为首选的解释变量。使用普通最小二乘法对模型 $Y = \alpha + \beta_1 \ln X_1 + \beta_i \ln X_i + \mu$ 进行回归分析。其中，Y 为教育支出占财政支出比例；X_1 为前面讨论所确定的人均财政总收入；X_i 为引进的其他解释变量，分别为生均教育支出、在校生数占总人口比例、地方财政收入占生产总值的比例、地方财政总收入占生产总值的比例。具体的回归分析结果如附表2-3所示。

附表2-3　教育支出占财政支出比例的多元回归分析　（样本量：3556个）

解释变量	模型（1）	模型（2）	模型（3）	模型（4）	模型（5）	模型（6）
人均财政总收入的对数	-6.724*** (0.189)	-14.023*** (0.256)	-6.269*** (0.189)	-17.901*** (0.197)	-17.603*** (0.209)	-17.781*** (0.198)
生均教育支出的对数	—	10.325*** (0.282)	—	18.153*** (0.246)	18.074*** (0.246)	18.222*** (0.245)
在校生数占总人口比例	—	—	0.326*** (0.027)	1.185*** (0.021)	1.191*** (0.021)	1.207*** (0.021)

续表

解释变量	模型（1）	模型（2）	模型（3）	模型（4）	模型（5）	模型（6）
本级财政收入占GDP比例	—	—	—	—	−0.111*** (0.026)	—
财政总收入占GDP比例	—	—	—	—	—	−0.036*** (0.006)
截距项	69.843*** (1.275)	45.755*** (1.270)	61.735*** (1.425)	−1.981 (1.245)	−3.094** (1.269)	−3.088** (1.253)
调整后 R^2	0.2622	0.4639	0.2901	0.7191	0.7204	0.7217

注：括号内为标准误的统计量，10%、5%和1%的显著水平分别用*、**、***表示。

可以看到生均教育支出的对数和在校生数占总人口比例是较好的解释变量，加入这些变量后方程的拟合程度有明显改善。对于生均教育支出的对数，我们认为地区的生均教育支出越高意味着当地的教育成本越高，在控制人均财政总收入后，相同人均财政地区教育成本越高则教育支出占财政支出比例就应该越高。而对于在校生数占总人口比例，在控制其他因素时，相同人均财政和教育成本的地区，受教育人口比例越高相应的教育支出占财政支出比例也会更高，这也是很容易理解的。对于地方财政收入和总收入占生产总值比例，从最后两个结果可以看到，这些变量的引入对其他变量的系数以及方程的拟合度并没有太大的改变。同时引入这两个变量到前面的回归方程中，其显著性并不是很强。相对于全国和省级数据，教育支出占财政支出比例同财政支出占生产总值比例之间的关系并没有在县级数据中得到体现。因此，我们认为应用县级数据，财政支出占生产总值的比例对教育支出占财政支出比例解释能力不强。

为了考虑不同年份对回归的影响，我们引入时间虚拟变量，检验时间对被解释变量的影响，具体的回归结果如附表2-4所示。从分析的结果来看，时间虚拟变量的系数在10%水平下均不显著，而且引入时间虚拟变量后对回归的结果影响并不大。因此，我们认为两年间样本数据不存在随时间的系统变化，可以将样本作为混合数据处理。

转移支付和地方政府义务教育
zhuanyizhifu he difangzhengfu yiwujiaoyu
touru yanjiu 投入研究

附表2-4 引入时间虚拟变量后教育支出占财政支出比例的多元回归分析

（样本量：3556个）

解释变量	模型（1）	模型（2）	模型（3）	模型（4）
人均财政总收入的对数	−6.691***	−13.951***	−6.251***	−17.828***
	(0.193)	(0.257)	(0.193)	(0.198)
生均教育支出的对数	—	10.375***	—	18.20526***
		(0.282)		(0.246)
在校生数占总人口比例			0.326***	1.186***
			(0.027)	(0.021)
2005时间虚拟变量	−0.155	−0.102	−0.086	−0.112
	(0.190)	(0.162)	(0.186)	(0.117)
截距项	69.697***	45.162***	61.664***	−2.591*
	(1.288)	(1.283)	(1.433)	(1.249)
调整后 R^2	0.2622	0.4652	0.2900	0.7205

注：括号内为标准误的统计量，10%、5%和1%的显著水平分别用*、**、***表示。

考虑到上述分析中可能遗漏部分地区之间差异的解释变量，因此，引入30个解释省际差异的虚拟变量，但将这些变量带入回归分析后，只有部分显著，其他省份的虚拟变量并不显著。而将全国各省划分为东、中、西部，用2个虚拟变量解释东、中、西部地区之间的差异，引入上述回归分析，具体的回归结果如附表2-5所示。从分析的结果来看引入的地区之间差异因素虚拟变量的系数在统计上都比较显著，对回归的结果有一定的影响。因此，我们认为在分析教育支出占财政支出比例时，应将地区差异作为解释变量。

附表2-5 引入地区虚拟变量后的教育支出占财政支出比例的多元回归分析

（样本量：3556个）

解释变量	模型（1）	模型（2）	模型（3）	模型（4）
人均财政总收入的对数	−7.041***	−13.914***	−6.584***	−17.872***
	(0.186)	(0.254)	(0.185)	(0.195)
生均教育支出的对数	—	9.948***	—	17.942***
		(0.284)		(0.247)

解释变量	模型（1）	模型（2）	模型（3）	模型（4）
在校生数占总人口比例	—	—	0.355***	1.217***
			(0.027)	(0.021)
中部地区虚拟变量	−2.966***	−1.731***	−3.036***	−0.977***
	(0.222)	(0.195)	(0.217)	(0.141)
西部地区虚拟变量	−1.747***	−0.491**	−2.406***	−1.740***
	(0.237)	(0.207)	(0.237)	(0.151)
截距项	73.715***	48.552***	65.370***	−0.244
	(1.285)	(1.321)	(1.412)	(1.273)
调整后 R^2	0.2969	0.4768	0.3282	0.7291

注：括号内为标准误的统计量，10%、5%和1%的显著水平分别用*、**、***表示。

最终我们选择人均财政总收入、生均教育支出、在校生人口比例以及地区虚拟变量来解释教育支出比例。在对教育支出占财政支出比例进行分析后，我们就有可能通过其他指标来估计得到某级政府的财政支出结构中教育的比例。以当地的人均总财政收入、人均教育经费、受教育人口比例和所在区域几个指标，同时，根据教育支出占财政支出比例数值所在的分布，就能大致估算出该地区财政中教育应占的比例，从而可以得到该级政府实际的教育供给能力了。

参考文献

约瑟夫·E.斯蒂格利茨,2005.公共部门经济学:第三版[M].郭庆旺,等,译.北京:中国人民大学出版社.

安体富,2007.中国转移支付:现状、问题、改革建议[J].财政研究(1).

本森,2000.教育财政[M]//Martin Carnoy.教育经济学国际百科全书.闵维方,等,译.北京:高等教育出版社.

蔡明超,费方域,朱保华,2009.中国宏观财政调控政策提升了社会总体效用吗?[J].经济研究(3).

曹俊文,罗良清,2006.转移支付的财政均等化效果实证分析[J].统计研究(1).

陈抗,Hillmam A L,顾清扬,2002.财政集权与地方政府行为变化——从援助之手到攫取之手[J].经济学(季刊),2(1).

陈上仁,田延光,2003.义务教育均衡性转移支付制度研究[J].教育科学研究(5).

陈至立,2007.完善经费保障机制提高农村义务教育保障水平——在完善义务教育经费保障机制工作会议上的讲话[N].中国教育报(1).

成刚,孙宏业,2015.省级统筹、纵向公平与省域城乡义务教育差距——基于北京市2003—2013年小学数据的分析[J].教育与经济(2).

成刚,孙志军,2008.我国高校效率研究[J].经济学(季刊)(4).

成刚,萧今,2011.省以下财政分权、转移支付与基础教育供给——基于1994—2001年江西省县级数据的分析[J].教育与经济(1).

苌景州,1996.教育投资经济分析[M].北京:中国人民大学出版社.

崔盛,2014.转移支付和地方政府义务教育投入差异研究——基于县级面板数据的分析[J].中国人民大学教育学刊(3).

陈朗平,付卫东,刘俊贵,2010.免费义务教育政策下教育财政公平性研究[J].教育研究(12).

陈书全,2011.论义务教育公共服务均等化政策取向——以山东省为例[J].山东社会科学(5).

转移支付和地方政府义务教育
zhuanyizhifu he difangzhengfu yiwujiaoyu
touru yanjiu 投入研究

丁建福,成刚,2010.义务教育财政效率评价:方法及比较[J].北京师范大学学报(社会科学版)(2).

董新良,肖军虎,2007.义务教育经费财政转移支付量化研究[J].教育与经济(1).

杜育红,2000.中国义务教育转移支付制度研究[J].北京师范大学学报(社会科学版)(1).

伏润民,常斌,缪小林,2008.我国省对县(市)一般性转移支付的绩效评价——基于DEA二次相对效益规模的研究[J].经济研究(11).

范先佐,郭清扬,付卫东,2015.义务教育均衡发展与省级统筹[J].教育研究(2).

付文林,沈坤荣,2012.均等化转移支付与地方财政支出结构[J].经济研究(5).

付文林,沈坤荣,2006.中国公共支出的规模与结构及其增长效应[J].经济科学(1).

谷成,2010.基于财政均等化的政府间转移支付制度设计[J].财贸经济(6).

古建芹,2014.公平收入分配视角下的义务教育产品供给研究[J].财政研究(9).

高如峰,2003.农村义务教育财政体制比较:美国模式与日本模式[J].教育研究(5).

高如峰,2004.中国农村义务教育财政体制的实证分析[J].教育研究(5).

高如峰,2004.构中国农村义务教育财政体制的政策建议[J].教育研究(7)

郭庆旺,贾俊雪,2006.中国区域经济趋同与差异的贡献因素分析[J].财贸经济(2).

郭庆旺,贾俊雪,高立,2009.中央财政转移支付与地区经济增长[J].世界经济(12).

郭庆旺,贾俊雪,2008.中央财政转移支付与地方公共服务提供[J].世界经济(9).

胡咏梅,杜育红,2008.中国西部农村小学资源配置效率评估[J].教育与经济(1).

胡义芳,熊波,2008.改革与完善我国的财政转移支付制度[J].财政研究(8).

黄斌,2009.关于中国地方小学教育财政支出的实证分析[J].教育研究(5).

黄斌,钟宇平,2008.教育财政充足的探讨及其在中国的适用性[J].北京大学教育评论(1).

蒋鸣和,1999.中国义务教育发展县际差距的估计[C].教育指标与政策分析国际研讨会论文.上海.

江新昶,2007.转移支付、地区发展差距与经济增长——基于面板数据的实证检验[J].财贸经济(6).

江文涛,2006.农村义务教育投资的地区差异[J].财经科学(3).

解垩,2007.转移支付与公共品均等化分析[J].统计研究(6).

康建英,田茹,2010.义务教育支出效率评价及财政分权影响[J].改革与战略,26(2).

郎君立,2005.农村义务教育投入主体的确认与思考[J].四川教育学院学报(9).

厉以宁,1999.关于教育产品的性质和对教育的经营[J].教育发展研究(10).

李佳明,李佳,2007.进一步发挥转移支付的财政均等化效应[J].财政研究(9).

李祥云,陈建伟,2010.财政分权视角下中国县级义务教育财政支出不足的原因分析[J].教育与经济(2).

李文利,曾满超,2002.美国基础教育"新"财政[J].教育研究(5).

李祥云,2002.中央对省义务教育财政专项补助及其使用效果——从规范与实证的角度进行分析[J].教育理论与实践(7).

李永友,沈玉平,2009.转移支付与地方财政收支决策——基于省级面板数据的实证研究[J].管理世界(11).

李桢业,汪贵浦,2006.我国的县域差距与公共政策——基于浙江省64县(市)统计数据的实证分析[J].财经研究(10).

刘凤伟,2008.财政转移支付对地区差距的影响研究——以甘肃省为例[D].北京:中国农科院.

刘剑,张筱峰,2005.义务教育财政转移支付的目标选择[J].财经科学(2).

刘溶沧,焦国华,2002.地区间财政能力差异与转移支付制度创新[J].财贸经济(6).

刘尚希,李敏,2006.论政府间转移支付的分类[J].财贸经济(3).

刘勇政,赵建梅,2009.论分税制下财政转移支付与地方财政努力差异——基于功能与地区多重分类考察的另类荷兰病分析[J].财经研究(12).

刘泽云,2003.西方发达国家的义务教育财政转移支付制度[J].比较教育研究(1).

刘泽云,2005.政府如何为农村义务教育买单——农村义务教育财政体制改革新论[J].华中师范大学学报(社会科学版)(5).

卢洪友,李凌,2006.财政分权视角下中国农村义务教育落后的原因分析[J].财贸经济(12).

吕炜,赵佳佳,2009.我国财政分权对基本公共服务供给的体制性约束研究[J].财政研究(10).

罗伊·伯尔,2004.财政分权的基本原则[M]//政府间财政关系课题组.政府间财政关系比较研究.北京:中国财政经济出版社.

马国贤,2005.中国农村义务教育转移支付制度研究[M].上海:上海财经大学出版社.

马国贤,2002.中国义务教育资金转移支付制度研究[J].财经研究(6).

转移支付和地方政府义务教育
zhuanyizhifu he difangzhengfu yiwujiaoyu
touru yanjiu 投入研究

马骏,1997.中央向地方的财政转移支付一个均等化公式和模拟结果[J].经济研究(3).

马培祥,2005.义务教育经费支出绩效评价研究[J].财政研究(8).

马栓友,于红霞,2003.转移支付与地区经济收敛[J].经济研究(3).

马晓强,彭文蓉,萨丽·托马斯,2006.学校效能的增值评价——对河北省保定市普通高中学校的实证研究[J].教育研究(10).

欧阳华生,2007.中国省际间财力分配差异与转移支付效果分析[J].上海财经大学学报(哲学社会科学版)(5).

潘天舒,2000.我国县级义务教育投资的地区差异及其影响因素分析[J].教育与经济(4).

乔宝云,范剑勇,冯兴元,2005.中国的财政分权与小学义务教育[J].中国社会科学(6).

乔宝云,范剑勇,彭骥鸣,2006.政府间转移支付与地方财政努力[J].管理世界(3).

乔宝云,张晓云,彭骥鸣,2007.财政支出分权、收入自治与转移支付的优化组合[J].财政研究(10).

钱佳,雷万鹏,2017.如何解释省内教育财政分权差异[J].教育与经济(5).

沈百福,李芙蓉,2004.我国部分省(区)义务教育财政投入缺口分析[J].教育发展研究(7).

司晓宏,王华,2006.教育财政转移支付与义务教育均衡发展[J].陕西师范大学学报(哲学社会科学版)(2).

司晓宏,杨令平,2010.当前我国西部地区农村义务教育形势分析[J].教育研究(8).

孙开,2009.财政转移支付手段整合与分配方式优化研究[J].财贸经济(7).

唐在富,2010.我国财权集中度的理论分析与现状评鉴[J].财政研究(4).

汪冲,2007.专项转移支付漏损的理论分析与实证检验[J].财经研究(12).

万广华,2006.经济发展与收入不均等:方法和证据[M].上海:三联出版社.

王琼芝,田汉族,2003.义务教育财政转移支付理论与实证研究[J].中国教育学刊(10).

王蓉,2003.义务教育投入之公平性研究[J].经济学季刊(2).

王善迈,王泓,荣志刚,1988.我国教育投资在国民经济中比例的历史分析[M]//厉以宁.教育经济学研究.上海:上海人民出版社.

王善迈,1997.社会主义市场经济条件下的教育资源配置方式[J].教育与经济(3).

王善迈,杜育红,张晓红,1998.建立政府间转移支付制度的理论与制度分析[J].北京师范大学学报(人文社科版)(3).

王善迈,袁连生,2001.2001年中国教育发展报告[M].北京:北京师范大学出版社.

王善迈,袁连生,2002.建立规范的义务教育财政转移支付制度[J].教育研究(6).

王绍光,2002.中国财政转移支付的政治逻辑[J].战略与管理(3).

王永钦,张晏,章元,陈钊,陆铭,2007.中国的大国发展道路——论分权式改革的得失[J].经济研究(1).

王景英,2005.农村初中学生辍学原因及对策研究[J].东北师大学报(1).

魏向赤,2006.税费改革对农村义务教育的影响[J].教育研究(3).

吴春山,龚经海,2003.义务教育财政转移支付制度研究[J].四川财政(4).

吴德刚,1999.中国教育发展地区差距研究——教育发展不平衡性问题研究[J].教育研究(7).

吴宏超,2007.我国义务教育有效供给研究[D].武汉:华中师范大学.

薛海平,闵维方,2008.中国西部教育生产函数研究[J].教育与经济(2).

夏雪,2012.地区经济分类下义务教育经费分析[J].教育发展研究(13).

尹恒,康琳琳,王丽娟,2007.政府间转移支付的财力均等化效应——基于中国县级数据的研究[J].管理世界(1).

尹恒,王丽娟,康琳琳,2007.中国县级政府间财力差距:1993—2003年[J].统计研究(11).

尹恒,朱虹,2009.中国县级地区财力缺口与转移支付的均等性[J].管理世界(4).

袁飞,陶然,徐志刚,刘明兴,2008.财政集权过程中的转移支付和财政供养人口规模膨胀[J].经济研究(5).

杨良松,2013.中国的财政分权与地方教育供给——省内分权与财政自主性的视角[J].公共行政评论,6(2).

杨东平,2008.实施城市免费义务教育面临的挑战[J].教育发展研究(20).

杨良松,任超然,2015.省以下财政分权对县乡义务教育的影响——基于支出分权与财政自主性的视角[J].北京大学教育评论,13(2).

袁连生,1988.论我国教育经费的匮乏[J].教育研究(8).

袁连生,2003.论教育的产品属性、学校的市场化运作及教育市场化[J].教育与经济(1).

曾军平,2000.政府间转移支付制度的财政平衡效应研究[J].经济研究(6).

曾满超,丁延庆,2003.中国义务教育财政面临的挑战与教育转移支付[J].北京大学教育评论(1).

曾明,华磊,刘耀彬,2014.地方财政自给与转移支付的公共服务均等化效应——基于中国31个省级行政区的面板门槛分析[J].财贸研究(3).

转移支付和地方政府义务教育
zhuanyizhifu he difangzhengfu yiwujiaoyu
touru yanjiu **投入研究**

张长征,郇志坚,李怀祖,2006.中国教育公平程度实证研究(1978—2004)——基于教育基尼系数的测算与分析[J].清华大学教育研究(4).

张恒龙,陈宪,2007.政府间转移支付对地方财政努力与财政均等的影响[J].经济科学(1).

张恒龙,秦鹏亮,2011.政府间转移支付与省际经济收敛[J].上海经济研究(8).

张丽华,汪冲,2008.解决农村义务教育投入保障中的制度缺陷——对中央转移支付作用及事权体制调整的思考[J].经济研究(10).

张明喜,2006.转移支付与我国地区收入差距的收敛分析[J].财经论丛(5).

张晏,龚六堂,2004.地区差距、要素流动与财政分权[J].经济研究(7).

张晏,龚六堂,2005.分税制改革、财政分权与中国经济增长[J].经济学(季刊),5(1).

张晏,李英蕾,夏纪军,2013.中国义务教育应该如何分权——从分级管理到省级统筹的经济学分析[J].财经研究,39(1).

郑磊,2008.财政分权、政府竞争与公共支出结构——政府教育支出比重的影响因素分析[J].经济科学(1).

郑磊,2008.财政分权体制下的公共服务提供——以教育为例的研究[D].北京:北京师范大学.

郑浩生,叶子荣,查建平,2014.中央对地方财政转移支付影响因素研究——基于中国县级数据的实证检验[J].公共管理学报(1).

钟晓敏,赵海利,2009.基本公共服务均等化下的我国义务教育转移支付模型[J].财政研究(3).

钟晓敏,1997.论政府间财政转移支付制度:一个可选择的模型[J].经济研究(9).

钟晓敏,1998.政府间财政转移支付论[M].上海:立信会计出版社.

钟宇平,2002.公平视野下中国基础教育财政政策[J].教育与经济(1).

钟正生,宋旺,2008.我国总量转移支付的影响因素及其均等化效应[J].经济科学(4).

宗晓华,2009.公共教育财政制度的经济分析[D].北京:北京师范大学.

宗晓华,陈静漪,2015.义务教育投入的县际差距与影响因素研究——以东部某省为例[J].教育科学,31(1).

宗晓华,丁建福,2013.我国义务教育财政制度变革与城乡差距——基于1999—2009年省级面板数据的实证分析[J].教育发展研究(11).

宗晓华,张绘,叶萌,2017."省直管县"财政改革与县级财政教育投入——基于贵州县级数据的双重差分估计[J].教育与经济,33(3).

周飞舟,2012.财政资金的专项化及其问题兼论"项目治国"[J].社会,32(1).

周黎安,2008.转型中的地方政府:官员激励与治理[M].上海:格致出版社、上海人民出版社.

周黎安,2007.中国地方官员的晋升锦标赛模式研究[J].经济研究(7).

Atkinson Anthony B,Joseph,Stiglitz,1980. Lectures on Public Economic [M]. Newyork: MaGraw-Hill Book Company.

Atkinson Anthony B,Stern N H,1974. Pigou,Taxation and Public Goods [J]. The Review of Economic Studies,41(1).

Bahl,Roy,1971. A Regression Approach to Tax Effort and Tax Ratio Analysis[C]. International Monetary Fund Staff Papers(11).

Bahl,Roy,1972. A Representative Tax System Approach to Measuring Tax Effort in Developing Countries [C]. International Monetary Fund Staff Papers(3).

BahlR.,1971.A regression approach to tax effortand tax ratio analysis [R]. International Monetary Fund Staff Papers,Vol. 18,November .

BahlR.,andC. Wallich,1972.Arepresentative tax system approach to measuring tax effort in developing countries [R].World Bank Staff Papers,WPS 863.

Barankay I.,Lockwood B.,2007. Decentralization and the productive efficiency of government:Evidence from Swiss cantons [J]. Journal of Public Economics91(5-6).

Berne,Robert,1984. The Measurement of Equity in School Finance: Conceptual,Methodological, and Empirical Dimensions [M]. Baltimore: Johns Hopkins University Press.

Bird,R. M.,1994.A comparative perspective on federal finance.in The Future of Fiscal Federalism [M]. Canadian Tax Foundation.

Boadway R W, Flatters F R, 1982. Efficiency and equalization payments in a federal system of government: A synthesis and extension of recent results[J]. Canadian Journal of Eeonomics., Vol.15(11).

Brandt L, Carsten A H, 2005. Spatial Price Differences in China: Estimates and Implication[A]. Department of Economics,University of Toronto,unpublished paper(11).

Buehanan J M,1950. Federalism and fiscal equity [J]. American Economic Review,40(9).

转移支付和地方政府义务教育
zhuanyizhifu he difangzhengfu yiwujiaoyu
touru yanjiu　投入研究

Buehanan J M, 1952. Federal grants and resource allocation[J].Journal of Political Economy(6).

Cohen, J. M., Peterson, S. B., 1997. Administrative decentralization: A new framework for improved governance, accountability, and performance [M]. Harvard Institute for International Development, Harvard University.

Correa P., and R. Steiner, 1999. Decentralization in Colombia: recent changes and main challenges [C]. paper prepared for Second Conference on the Colombian Economy, Lehigh University.

Deniele Checchi, Andrea Ichino, Aldo Rustichini, 1999. More Equal but less Mobile? Education Financing and Intergenerational Mobility in Italy and in the US [J]. Journal of Public Economics, 74(3).

Diamond P A, 1975. Amany-Person Ramsey Tax Rule[J].Journal of Public Economics(4).

Fernandez, Raquel, Rogerson, Richard, 2003. Equity and resources: An analysis of education finance systems [J]. The Journal of Political Economy(4).

Garzón, H., 1997. Colombia. Structure of Municipal Finances, Fiscal decentralization and Credit Policy Reform 1987-1995 [R]. Bogota: The World Bank.

Gramlich E M, 1987. Perspectives on Local Public Finance and Public Policy[J]. Subnational Fiscal Policy(3).

Gramlich, E. M., 1987. Federalism and federal deficit reduction [J]. National Tax Journal 40(3).

Hoxby C. M., 2000. The effects of class size on student achievement: New evidence from population variation [J]. Quarterly Journal of Economics 115(4).

Hoxby, Caroline M, 2001. All School Finance Equalizations Are Not Created Equal [J]. The Quarterly Journal of Economics, Nov.(4).

Hoxby, Caroline Minter, 1996. Are Efficiency and Equity in School Finance Substitutes or Complements [J]. The Journal of Economic Perspectives, Autumn(4).

Kim, S., 2007. A more accurate measurement of tax effort [J]. Applied Economics Letters, 14(7).

Levaggi R, 1991. Fiscal Federalism, Asymmetry of Information and Grants in Aids: The Problem of Asymmetrical[M].Aldershot: Gower House.

Musgrave R A, 1959. The Theory of Public Finance [M]. New York: McGraw-Hill.

Musgrave R A, 1961. Approaches to a fiscal theory of political federalism [M]// In Public finances：Needs，sources，and utilization. Princeton：Princeton University Press.

Oates W E，1972. Fiscal Federalism [M]. New York：Harcourt Brace Jovanovich.

Oates W E，1999. An Essay on Fiscal Federalism [J]. Journal of Economic Literature，Vol.37.

Odden R A，Picus O，2000. Lawrence. School Finance：A Policy Perspective [M]. New York：Mc-Graw-Hill Companies，Inc.

Samuelson P A，1954. The Pure Theory of Public Expenditure[J]. The Review of Economics and Statistics，Vol. 36(4).

Tiebout C，1956. A Pure Theory of Local Expenditure [J]. The Journal of Political Economy(6).

Zou，Heng-fu，1994. Dynamic Effects of Federal Grants in Local Spending [J].Journal of Urban Economics(36).

Zou，Heng-fu，1996. Taxs，Federal Grants，Local Public Spending，and Growth [J].Journal of Urban Economics(39).